Johan wal

Beiträge zur Literatur-Geschichte des Civil-Prozesses

Johan wal

Beiträge zur Literatur-Geschichte des Civil-Prozesses

ISBN/EAN: 9783743688575

Hergestellt in Europa, USA, Kanada, Australien, Japan

Cover: Foto ©ninafisch / pixelio.de

Weitere Bücher finden Sie auf **www.hansebooks.com**

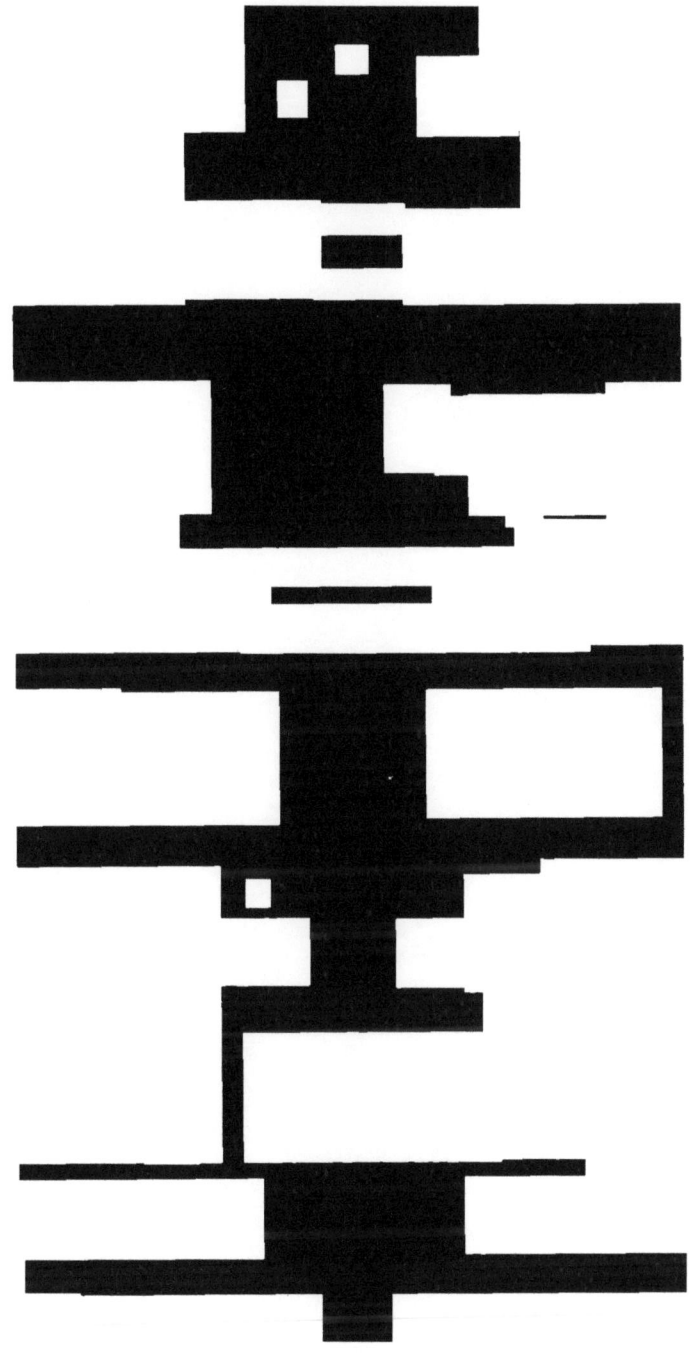

Druck von Junge & Sohn in Erlangen.

Wenn auch der Werth der nachfolgenden Schrift durch ein Vorwort von mir nicht erhöht wird, so erfülle ich doch gern den Wunsch des befreundeten Herrn Verfassers, dieselbe beim deutschen Publikum einzuführen. Ich übernehme mit Freuden die Verantwortung für das Erscheinen dieser Ueber=
setzung; denn ich glaube dem juristischen Publikum in Deutsch=
land einen Dienst dadurch geleistet zu haben, daß ich den Herrn Verfasser bestimmte, seine Schrift in unsere Mutter=
sprache übertragen zu lassen, um so mehr, als ihm dadurch die Gelegenheit geboten wurde, noch mehrere werthvolle Bei=
träge ergänzend hinzuzufügen.

Das Walther'sche Buch, welches im vorigen Jahre mit dem Anspruche auftrat, „diesen Zweig des juristischen Wissens auf die Stufe einer wünschenswerthen Vollständigkeit und Richtigkeit gehoben zu haben", ist zwar von der Kritik Sach=
kundiger auch schon in Deutschland als ein, wegen Unzuläng=
lichkeit der Mittel, mißlungener Versuch gebührend charakteri=
sirt worden. Allein kein deutscher Kritiker hat mit gleicher Sorgfalt jeden einzelnen Paragraphen einer Prüfung unter=

zogen, und Schritt für Schritt die darin enthaltenen Irrthümer, Ungenauigkeiten und Mängel nachgewiesen, wie es von de Wal geschehen ist. Zu einer solchen Materialkritik war der Herr Verfasser durch den Besitz einer literärgeschichtlichen Gelehrsamkeit von ungewöhnlicher Sicherheit und Umfänglichkeit, wie wenig Andere berufen und befähigt.

Man könnte jedoch fragen, ob eine Schrift von solcher Mittelmäßigkeit, wie das Walther'sche Buch, eine so eingehende Kritik verdiene, und ob diese der Uebertragung in unsere Muttersprache werth sei. In der That, wenn es sich nur um den negativen Erfolg kritischer Verurtheilung handelte, so würde man wohl beide Fragen verneinen müssen. Allein, wie bekanntlich jedes gedruckte Buch, zumal wenn es ein Compendium ist, trotz sehr geringen Werths sich dennoch einen gewissen Raum zu erobern pflegt, auf welchem ihm von Unkundigen eine nicht geringe Autorität beigelegt wird; so war diese Gefahr doppelt zu fürchten, auf dem hier betretenen Gebiete. Denn bei der Mangelhaftigkeit unserer literärgeschichtlichen Hülfsmittel für den Civilprozeß kann es kaum fehlen, daß das Walther'sche Buch in Ermangelung eines besseren sich eine gewisse Geltung erwirbt. Wird hier nicht bei Zeiten gründlich entgegen getreten, so werden wir bald erleben, daß die Walther'schen Irrthümer traditionell fixirt werden.

Es kommt hinzu, daß Walther's Buch ganz dazu angethan ist, die Resultate der Forschungen Anderer über viele Einzelfragen der Literärgeschichte dem größeren Publikum zu verdecken, da es meistens ohne genaue Kenntniß derselben compilirt ist. Wer nämlich, um sich über eine literärgeschichtliche Frage zu orientiren, das Walther'sche Buch zur Hand nimmt, wird es mit Recht in dem Vertrauen thun, daß sich der angebliche Literarhistoriker ex professo über sein Thema gründlich mit allen Hülfsmitteln unterrichtet habe, und daher zuversichtlich durch ihn auf die Höhe der heutigen Forschung versetzt zusein glauben.

Es handelt sich aber nicht blos darum, das Walther'sche Buch unschädlich zu machen für unser deutsches Publikum. Vielmehr, wie die Vorsehung im Großen aus dem Geringen und Schlimmen häufig das Gute und Tüchtige hervorgehen läßt, so ist es auch hier im Kleinen der Fall gewesen. Die Schrift de Wal's ist zwar zunächst als Kritik durch das Walther'sche Buch hervorgerufen; allein sie ist unter der Hand des Herrn Verfassers zu einem literärgeschichtlichen Beitrage von selbständiger Bedeutung geworden, den Keiner unbeachtet lassen darf, welcher sich mit den einschlagenden Fragen beschäftigen will, da er bezüglich der umfassenden Gelehrsamkeit und Zuverlässigkeit mustergiltig zu nennen ist.

Durch de Wal's Arbeit erlangt endlich das Walther'sche Buch selbst eine Brauchbarkeit, welche ihm bisher nur sehr bedingt zugestanden werden durfte: und der Verfasser ist deswegen seinem Kritiker, so hart ihm auch dessen einschneidendes Urtheil oft erscheinen mag, zu großem Danke verpflichtet. Wer nämlich de Wal's Ergänzungen und Berichtigungen zu Hülfe nimmt, der kann immerhin ohne Gefahr das Walther'sche Buch als einen literärgeschichtlichen Leitfaden benützen, zumal wenn er, durch de Wal's Kritik belehrt, auch auf den von dieser nicht unmittelbar berührten Punkten, die Walther'schen Notizen mit der nöthigen Vorsicht aufnimmt.

Immerhin aber wird selbst durch die Combination dieser beiden Schriften die Aufgabe einer Literärgeschichte des Civilprozesses nicht gelöst. Mit vollem Rechte zeigt de Wal, wie weit Walther hinter den billigsten Anforderungen derselben zurückgeblieben ist. Aber je mehr er selbst mit dieser Aufgabe vertraut ist, desto weniger konnte er der Meinung sein, ihr in der Form einer Kritik genügen zu können. Allein als „Beiträge" zu der noch zu schreibenden Geschichte heißen wir seine treffliche Arbeit auf deutschem Boden willkommen.

Hinsichtlich der Aeußerlichkeiten sei schließlich bemerkt, daß der Druck unter meiner Leitung geschehen ist, wobei ich nicht blos den Setzer, sondern häufig auch den Uebersetzer (einen Nicht=Juristen), zu corrigiren hatte. Einige Unebenheiten, welche bei Uebersetzungen so leicht unterlaufen und von mir übersehen sein mögen, wird man freundlichst um so eher entschuldigen, als meine nicht ganz leichte Arbeit unter den Aufregungen des Krieges und seiner spannenden Vorboten gethan werden mußte. Eine leider nicht geringe Anzahl zu spät entdeckter Fehler wolle man nach dem unten folgenden Verzeichnisse verbessern.

Erlangen im September 1866.

Dr. R. Stintzing.

Druckfehler.

S. 20 Bibliotheka lies: Bibliotheca.
„ 21 tit. I de actionibus lies: tit. J. de actionibus.
„ — transcriptum lies: transscriptum.
„ 22 cistercientis lies: cisterciensis.
„ 24 sijne lies: zijne.
„ — Friesch lies: Friesche.
„ 48 Babtista lies: Baptista.
„ 65 Gutierez lies: Gutierez.
„ 66 2, Kamtz lies: 2, Kamptz.
„ — Oporinnm lies: Oporinum.
„ 68 Cair lies: Air.
„ — Genevenis lies: Genevensis.
„ 71 Hätte es lies: Hätte er.
„ 73 Wettens lies: Wittens.
„ — Heubert lies: Huibert.
„ 76 Pierius, Winsemius lies: Pierius Winsemius.
„ 78 Teraboschi lies: Tiraboschi.
„ 79 Cavolus lies: Calvolus.
„ — Piuggia lies: Ploggia.
„ — Indiciarius lies: Iudiciarius.
„ 80 Nettelblatt lies: Nettelblabt.
„ 81 judicis lies: judiciis.
„ 86 Anm. Vrienset lies: Vriemoet.
„ 91 Anm. Duntiscano lies: Dantiscano.
„ — versproche lies: versprochene.
„ 93 Anm. Gobinus lies: Gabinus.
„ 94 Anm. Paquot, Mémoires, VI. bq lies: Paquot, Mémoires. VI, 69.

Als Stobbe i. J. 1864 die zweite Abtheilung seiner Geschichte der deutschen Rechtsquellen erscheinen ließ, machte er bei der Behandlung des Civilprozesses eine Bemerkung, aus welcher sich entnehmen läßt, wie sehr der ausgezeichnete Forscher von der Unzulänglichkeit des Materials überzeugt war, das zu seiner Verfügung gestanden. „Ich muß mich — sagt er Bd. II S. 177 — hier auf andeutende Bemerkungen und abgerissene Angaben beschränken, da es an einer Literärgeschichte des Prozesses fehlt." Und an einer andern Stelle, wo er das jus constitutum behandelt, begegnen wir einer ähnlichen Entschuldigung. „Für die Geschichte des Civilprozesses — heißt es Bd. II S. 256 — ist noch außerordentlich viel zu thun. Die Lehrbücher und die meisten Monographien des Civilprozesses pflegen sich, selbst wenn sie die Absicht haben, tshistorisch zu Werke zu gehen, auf die Bestimmungen des ischen und canonischen Rechts, der Reichskammergerichts= der Hofraths=Ordnungen zu beschränken, und die in großer erhaltenen particulären Gerichtsordnungen fast ganz un= ücksichtigt zu lassen. — Vielleicht gereicht diese Beschaffenheit Literatur der Mangelhaftigkeit dieses Paragraphen einiger= ßen zur Entschuldigung."

Beide Bemerkungen sind vollkommen gerechtfertigt. Unachtet der Sündfluth neuer Bücher, womit der Rechtsgelehrte alljährlich wie überschüttet wird, und ungeachtet der sich verdrängenden Lehrbücher, fehlt es uns noch immer an einer literarischen Uebersicht dessen, was die Wissenschaft in dieser Hinsicht geleistet hat, und so schmerzlich sich dieser Mangel auch empfinden läßt, denkt doch Niemand daran, ihm abzuhelfen, scheint Niemand seine Kräfte einer gewiß höchst dankenswerthen Arbeit widmen zu wollen.

Freilich ist die Aufgabe nicht leicht; wer sie sich stellt, möge Savigny's Einleitung zum vierten Theile seines berühmten Werkes, welche zur Aufschrift hat: „Von dem Werth der Gelehrtengeschichte" mehr als einmal lesen. Der große Jurist hielt es nicht unter seiner Würde, die Hälfte seiner kolossalen Arbeit der speciellen Literaturgeschichte des römischen Rechts seit dem Anfang des zwölften Jahrhunderts zu widmen. Was er hierin geleistet, wird jeder ferneren Untersuchung zur Grundlage dienen müssen. Das ehrenvolle Andenken, in welchem der große Mann steht, kann dadurch keine Einbuße leiden, daß man behauptet, er habe für das fünfzehnte Jahrhundert das nicht gegeben, was seine Forschungen hinsichtlich des zwölften und dreizehnten zu versprechen schienen. Der erstaunenswerthe Umfang seines Werkes fiel erst recht in die Augen zu einer Zeit, als die dii minorum gentium legionenweise erschienen und die „alphabetische Uebersicht", welche wir am Schlusse des sechsten Theils finden, leistet uns keinen Ersatz für die Lücken, die wir in den vorhergehenden Kapiteln entdeckten.

Gilt dies schon von dem genannten Zeitraum und in Beziehung auf ein Werk, das noch lang nicht Seinesgleichen finden dürfte — was sollen wir erst von den Zeiträumen sagen, die auf das fünfzehnte Jahrhundert folgen? — Ist selbst die Literaturgeschichte von Hugo, als Leitfaden, ein brauchbares Werk? — Hätten wir für jedes halbe Jahrhundert der Geschichte eine Arbeit wie der „Ulrich Zasius" von Stintzing, der Weg wäre bald gebahnt. Täglich nehme ich das Buch in die Hände und täglich überzeuge ich mich aufs Neue von der vertrauten Bekanntschaft des Verfassers mit dem von ihm behandelten Zeitabschnitt.

Kein Theil unserer Wissenschaft wurde indeß so stiefmütterlich behandelt als der Civilprozeß. Für seine Literärgeschichte ist bis jetzt noch gar nichts Erhebliches geleistet und auch hier müssen wir wiederum Stobbe loben, der das Streben nach Vollständigkeit dem festen Vorsatze, nicht das Geringste auf fremde Autorität hin niederzuschreiben und allein die sichern Ergebnisse eigener Untersuchung mitzutheilen, aufgeopfert hat. Man möchte fast auf die Vermuthung gerathen, seine oben angeführten Worte hätten den Kreisgerichtsrath Walther zur Abfassung seines Werkes: „Die Literatur des gemeinen ordentlichen Civilprozesses und seine Bearbeiter*)" veranlaßt, überzeugte man sich nur nicht schon bei der ersten flüchtigen Durchlesung, daß er von der Erscheinung des Stobbe'schen Buches keine Kunde gehabt. Ist durch dieses Werk dem bestehenden Mangel abgeholfen? Das ist die Frage, deren Beantwortung wir im Interesse eines gründlichen Rechtsstudiums die folgenden Blätter zu widmen Willens sind. Der Ausländer, auf den der Verdacht nicht fallen kann, durch anderweitige Beweggründe zu einer strengen Kritik bestimmt worden zu sein, braucht auch keinerlei Rücksichten zu scheuen, seine mit Beweisen erhärtete Ansicht unumwunden herauszusagen.

Die Zeit, deren Behandlung der Verfasser sich zur Aufgabe gewählt, erstreckt sich „bis auf die Zeiten des jüngsten Reichsabschieds." Ein besserer Ruhepunkt wäre nicht wohl zu finden gewesen. Nach 1654 ist der letzte Reichsreceß die Grundlage, auf welcher alle späteren Schriftsteller fortgebaut haben. Gleichwohl ist es zweifelhaft, ob die Vertheilung des genann-

---

*) Nordhausen, Ferd. Förstemann's Verlag 1865. Die typographische Ausstattung gereicht sowohl dem Verleger, als der Presse Otto Hendel's zu Halle zur besonderen Ehre.

ten Zeitraums in zwei Perioden „bis zum Schluß des Mittelalters" (1492) und „vom Schluß des Mittelalters an" glücklich gewählt ist. Weder die Entdeckung von Amerika, noch sonst eines jener Ereignisse, die den Geschichtschreiber die Grenzlinie zwischen Mittelalter und Neuerer Geschichte ziehen lassen, kann bei einem Gegenstande, wie der, von welchem hier die Rede ist, in Betracht kommen. Die natürliche Grenze zwischen beiden Zeiträumen wäre nach meinem Dafürhalten die Errichtung des Reichskammergerichts (1495).

So weit über die Grenzen des Werkes in Bezug auf die Zeit. Was den Stoff betrifft, — dieser mußte auf zweierlei Weise begrenzt werden. Der Titel deutet die Linien an, erstens mit dem Worte „Civilproceß" und zweitens mit dem Zusatz, daß nur der „gemeine deutsche" Civilprozeß behandelt werde. Dadurch daß er sich innerhalb dieser Schranken hält, hat er sich der Gefahr entzogen, auf eine gefährliche Klippe zu gerathen; denn das „Particularrechtliche" des Rechtsganges ist ohne Zweifel der schwierigste Theil und gerade der Gegenstand, der einer speciellen Bearbeitung am meisten bedürfte. Abermals lasse ich hier Stobbe (II, 256) reden: „In ihnen — er spricht von den besondern Gerichtsordnungen — ist ein außerordentlich reiches Material enthalten für die Geschichte des Processes und die Art und Weise, wie die gemeinrechtlichen Vorschriften zur Ausführung gekommen sind. Die Methode, welche wir schon seit mehr als einem Jahrhundert für das deutsche Privatrecht befolgen, aus den Particularrechten die dem deutschen Recht gemeinsamen, leitenden Ideen zu gewinnen, harrt noch ihrer Anwendung auf die Geschichte des Processes." Das ist vollkommen wahr und dennoch hat die deutsche akademische Literatur einen Schatz von Monographien aufzuweisen, in welchen auch dieses Feld, wo nicht urbar gemacht, doch zur Urbarmachung vorbereitet ist. Die Quellen dürfen hier nicht mit der Literatur zusammengeschmolzen werden, wie der Verfasser sich dies nicht selten erlaubt hat (cfr.

§. 72). Hat irgend ein Autor sich ausschließlich mit dieser oder jener Gesetzgebung abgegeben, so kann füglich in einer Note auf den Ursprung und die Abfassung dieser Gesetzgebung in kurzen Umrissen hingewiesen werden.

Kühn tritt Walther seinen Vorgängern gegenüber auf. In jedem Paragraphen finden wir auch die geringsten Verstöße angezeigt, die sich Danz, von Linde, Rudorff, Böcking oder Wetzel haben zu Schulden kommen lassen. Hauptsächlich ist das der Fall bei Namen und Jahreszahlen. Genauigkeit ist hier unstreitig eine Hauptbedingung, aber sie darf nicht in Haarspalterei ausarten. Derselbe Name wird von Zeitgenossen oft auf verschiedene Art geschrieben, so daß eine abweichende Schreibweise nicht immer sofort auf Mangel an Kenntniß schließen lassen darf. Man lese z. B. die Gutachten Schürpff's und Göden's, und man wird in ihren Unterschriften allerlei Varianten finden. Dasselbe Buch führt in verschiedenen Exemplaren nicht selten eine verschiedene Jahreszahl; ein neuer Titel wurde vorgeklebt, um den Ueberschuß an Exemplaren des alten Werkes als ein neues an den Markt zu bringen. Hauptsächlich gilt das vom sechzehnten und siebenzehnten Jahrhundert, wenn ein Buch noch vor Ablauf des Jahres fertig war. Man ging dabei nicht wie heut zu Tage zu Werke, indem man die Zukunft anticipirte, sondern druckte schon zum Voraus zwei Titel mit verschiedenen Jahreszahlen.

Zu jedem Paragraphen hat Walther die Schriftsteller angegeben, die in Bezug auf den darin behandelten Autor oder sein Werk zu Rathe gezogen werden können. Hier verräth sich die geringe Befähigung des Verfassers auf eine augenfällige Weise. In der ersten Periode ist natürlich von Savigny der Führer, dem er gefolgt ist. Schon bei §. 1 erklärt er: „Zweite Ausg. Heidelb. 1834, nach der ich nun stets citire." Sollte man glauben, daß im ganzen Buche durchgängig die erste Ausgabe citirt wird? Und daß von allen den Zusätzen, die die zweite Ausgabe bereichern, keiner verwerthet ist? Den Beweis für diese schwere Anklage hoffe ich bei der Behandlung der einzelnen Paragraphen zu liefern. Den siebenten Theil habe ich auch nicht ein einziges Mal erwähnt gefunden.

Bei der zweiten Periode ließ der tüchtige Führer unseren Reisenden im Stich. Wer tritt nun an seine Stelle? Die schlechtesten Gewährsmänner, die man wählen konnte, trotzdem daß die besseren leicht zu finden waren. Für's erste Jöcher, dessen schätzenswerthes Gelehrten-Lexicon gerade hier wenig Hülfe leisten konnte, weil Ort und Datum der Ausgaben nur selten darin angezeigt werden. Zweitens König, der sogar in Betreff seiner Zeitgenossen nicht genau ist und nur weniges enthält, was eigener Forschung ähnlich sieht. Ferner die Verfasser von Handbüchern über das Proceßrecht, in deren Einleitungen selbstverständlich keine Details zu suchen sind. Aber wer sollte denken, daß selbst das allgemein verbreitete Buch von Jugler unserem Verfasser nicht zu Gesicht gekommen? Jugler, von welchem Savigny sagt: „Für die neueren Juristen und unter diesen besonders für die Deutschen, sind seine Arbeiten sehr bedeutend!" (Bd. III S. 60). — Wer sollte glauben, daß weder die Schriftsteller über die Literatur eines bestimmten Landstrichs, wie der fleißige Strieder, noch die Bearbeiter der Geschichte einzelner Universitäten, wie Wund, Schreiber, Krabbe, Kosegarten nachgeschlagen sind, um hinsichtlich einzelner Punkte zu größerer Sicherheit zu gelangen? Letztgenannte hatten, durch den Gebrauch localer Bibliotheken, eine selten vorkommende Gelegenheit, hinsichtlich gewisser dunkler Partien Licht zu schaffen und zu verbreiten. Selbst die Monographien über einzelne Juristen, in früherer oder späterer Zeit erschienen, finden wir selten angeführt, beinahe nie zu Rathe gezogen. Man nehme z. B. eine in die Augen fallende

Persönlichkeit, wie Joachim Mynsinger. Bei seinem Namen finden wir in den Anmerkungen aufgezeichnet: „Vgl. Stryk, Hermann, Jöcher, Oberländer, König, Westphal, Danz, Hugo, Bethmann-Hollweg, Wetzell." Man schlage alle diese angezogenen Stellen dieser zehn Gewährsmänner nach und man wird wenig Licht erhalten. Wäre dagegen auf Jugler's Arbeit verwiesen worden, im Eingang des zweiten Theils seiner „Beiträge zur juristischen Biographie", oder auf Du Roi's Abhandlung, in seinen „Biographien Helmstädtischer Rechtslehrer" oder auf Schreiber's „Geschichte der Universität Freiburg" (Bd. II S. 358 ff.) und auf des Letzteren Monographie: „Joachim Mynsinger von Frundeck" zu Freiburg i. J. 1834 besonders herausgegeben; dann hätte er den Leser mittelst vier Citaten in Stand gesetzt Alles zu vernehmen, was wir jetzt von dieser merkwürdigen Persönlichkeit wissen. Wie viel hätte Walther, beim Mangel an Resultaten eigener Untersuchung, aus den kurzen Anmerkungen von Stobbe (II. S. 90, 141), nicht schöpfen können.

Ein anderer Uebelstand, der beim Urtheil über die Brauchbarkeit des Walther'schen Werkes schwer in's Gewicht fällt, ist der, daß man nirgends angegeben findet, welche Gegenstände seiner Meinung nach zum Gebiete des Civilprozesses zu rechnen seien. Ich gebe von vornherein zu, daß der Verfasser vollkommen dazu berechtigt ist, auch hier die Grenzen seiner Aufgabe selbst zu bestimmen und daß der Leser verpflichtet ist, des Verfassers Arbeit nach diesen Bestimmungen zu beurtheilen. Aber dann darf auch innerhalb dieser Grenzen kein einigermaßen namhafter Schriftsteller in dem Verzeichnisse fehlen. Wo z. B. Krayser genannt wird, als Verfasser einer Schrift über das alte Bayerische Proceßrecht, da darf auch Arnold Rath, der i. J. 1645 zu Ingolstadt sein Werk „De potissima Juris Romani et Bavarici differentia in processu edictali" herausgab, nicht fehlen.

Wie willkührlich hierin Walther zu Werke gegangen,

springt in die Augen. Viele Schriftsteller über den Proceß beim Reichskammergericht werden genannt, viele hinwiederum mit Stillschweigen übergangen. Man vergleiche nur sein Buch mit Pütter's „Literatur des deutschen Staatsrechts", um sich davon zu überzeugen. Warum sucht man z. B. hier vergebens den Namen eines Wilhelm Robing, Johannes Thilmannus, Thomas Maul, Johann Wolfgang Kipping?

Einige Schriftsteller „de actionibus" werden ausführlich behandelt; warum wurde einem Nicolaus Cisner und Arnold von Haerfolte kein Platz eingeräumt?

Noch übler steht es um die Verfasser von Consilia und mit den Sammlern der Decisiones. Hier wäre eine Sichtung vielleicht nothwendig gewesen, und nicht die Form, sondern der Inhalt der Consilia hätte entscheiden sollen, ob ein Verfasser sich mit der Beantwortung processualistischer Rechtsfragen abzugeben habe. Verwirft man die Sichtung als unstatthaft, dann muß jedenfalls nicht der Titel eines Buches, sondern der Name des Verfassers, der das Responsum gegeben, in einem Werke wie das vorliegende vorkommen. In vielen dieser Sammlungen trifft man wider Erwarten Consilia von Rechtsgelehrten an, die allein als Lehrer, nicht als Autoren bekannt sind. Für die „Literaturgeschichte" wäre es ein in jeder Beziehung nützliches Werk, aus allen den großen Sammlungen zu ermitteln, was von jedem Autor herrührt*). So war mir

---

*) Ein einziges Beispiel wird ausreichen, um meine Ansichten über den Unterschied zwischen bibliographischer Genauigkeit und Kenntniß der Literärgeschichte auf diesem Felde zu rechtfertigen. Im J. 1615 wurde zu Frankfurt ein Foliant herausgegeben, unter dem Titel: „Illustrium celebriumque ICC Responsa seu Consilia. Frf. typis Egenolphi Emmelii, sumptibus Nicol. Rhodii ac Steinii." Der Bibliograph hätte mit Recht eine vollständigere Angabe des weitschweifigen Titels beansprucht. Aber der Literärhistoriker fragt

z. B. aus der Geschichte der Universität Mainz ein gewisser
Alexander Theobori bekannt, der gegen das Ende des fünf=
zehnten Jahrhunderts blühte, und aus Mainzer Acten ergibt
sich, daß sein Amtsgenosse Jacobus Koler daselbst im April
1498 gestorben ist. Schriften von ihrer Hand finden wir
nirgends genannt; aber unter den Consilia von Henning
Goben treffen wir Responsa an, die von beiden herrühren
und hier aufgenommen sind. Erst durch eine derartige Unter=
suchung ist es mir möglich geworden, die Buchstaben A. T.
bei Goben (p. 86) zu entziffern.
Aber betrachten wir das von Walther Geleistete nun
in der Nähe.
§. 1. Petri exceptiones legum Romanorum. Schon
hier will es den Leser bedünken, als habe sich der Verfasser
um die Forschungen der Neuzeit gar nicht bekümmert. Wir
erfahren, daß die Zeit der Abfassung in das dritte Viertel des
elften Jahrhunderts fällt, und indem der Verfasser mit ein

---

sogleich, welche diese Illustres et celebres Jureconsulti seien, be=
ren Arbeiten man in dieser Sammlung vereinigt findet. Für ihn
gibt es hier viel zu schaffen. Fast Alle kennen einen Ludwig Gremp,
Jacob Menochius, Conrad Rittershusius, Hermann Bul=
tejus, Johannes Oldendorp, Matthias Coler. Aber ich
glaube nicht, daß eben dasselbe gesagt werden kann in Beziehung
von Johannes Knyttel, der Hessischer Rathsherr war, und
dessen Namen man vergebens bei Strieder sucht; von Damia=
nus Hefft, der in Pfälzischen Diensten gestanden; von Doctoren
wie Georg Reinhart, Gregorius Patiens, Constantinus
Funk. Von Sfortia Obbus und Hubertus Giphanius
gibt jede Rechtsgeschichte Nachrichten; aber David Schmidtlin
von Ensisheim war kaum bekannt, bis Schreiber seine Fata so
genau beschrieb, daß wir selbst die Tagesstunde seines Ablebens
wissen (Geschichte der Univers. Freiburg II 365 flg.); und den=
noch hat auch letztgenannter keine Zeugnisse seiner Thätigkeit auf=
finden können, wie sie uns hier unerwartet begegnen.

Paar Worten der Merkel'schen Einwürfe erwähnt, wird unter den Handschriften doch auf den Laurentianus und Graecianus nicht hingewiesen. Haben wir nicht das Recht, die Frage aufzuwerfen, ob der Verfasser außer der von ihm citirten „Geschichte des Longobardenrechts", auch wohl die interessante Abhandlung gelesen habe, welche Merkel in den siebenten Theil von Savigny's Geschichte hat einrücken lassen? Wo ist die vollständige Collation der Florentiner Handschrift geblieben, die Merkel besessen und die wahrscheinlich mit seinen übrigen kostbaren Sammlungen (viel davon sah ich unlängst auf der Königl. Bibliothek zu München) öffentlich versteigert worden ist?

§. 2. Hierauf kommt der Verfasser zum „Brachylogus." Natürlich wird Boecking als gründlicher Forscher und Wiederhersteller des Textes gelobt, von Merkel's interessantem Nachweis aber, daß zur Zeit der Abfassung des Schwabenspiegels (1276) der Brachylogus nicht bloß vorhanden, sondern auch bereits mit Glossen versehen gewesen, spricht Walther kein Wort. Vgl. von Savigny VII, 70. De Republ. Alemann. Not. II, 12, 14.

§. 3. Irnerius. Der Verfasser sagt, man habe diesen bis jetzt in der Proceßliteratur überall übergangen; der Stifter der Schule zu Bologna konnte auch nicht wohl von denjenigen genannt werden, die bloß von vorhandenen Schriften sprechen. Mit Recht wird er hier (nach v. Savigny IV, 64) genannt, in Folge einer noch nicht edirten Glosse zu Joannes: „Primo tractavit de natura actionum G. Postea Henri." Aber warum ist denn auch der Henricus nicht erwähnt? Offenbar hatte der Glossator den Henricus de Bayla im Auge. (Vgl. Savigny IV, 288).

§. 4. Bulgarus. Hier wäre es wohl der Mittheilung werth gewesen, daß Savigny die Ehre gebühre, den wahren Verfasser des dritten Buches, welches in Placentinus „de varietate actionum" vorkommt, ermittelt zu haben, und daß Wunberlich der Textkritik seiner Ausgabe den Cod. Paris Lat. Nr. 4603 zu Grund gelegt habe.

§. 6. **Ricardus Anglicus.** Ueber den jetzt durch Witte's Ausgabe bekannten „Ordo judiciarius" dieses Schriftstellers, vgl. Eug. de Rozière in der Revue Bibl. de Droit, I, 113—116 und einen Ungenannten in Gersdorf's Repertorium 1853, I, 9 ff.

§. 7. **Otto Papiensis.** Steffenhagen (in seinen Beiträgen zu Savigny's Geschichte des R. R. im Mittelalter, Königsb. 1859) macht auf eine bisher gänzlich übersehene Randbemerkung in der Königsberger Handschrift des „ordo judiciarius" aufmerksam, worin der Name des Autors angegeben ist.

§. 8. **Placentinus.** Natürlich kommt hier allein sein Werk „de varietate actionum" in Betracht. Walther erwähnt zuerst der Handschriften, vergißt aber den Codex Vaticanus, Nr. 2302, aus dem dreizehnten Jahrhundert, welcher die beiden ersten Bücher vollständig enthält. Aber von den ferneren Büchern, mit Ausnahme des dritten, das dem Bulgarus zukommt, wird nicht gesprochen. Hat nicht Savigny mit Rechtgelehrt, daß von B. IV—VI gar nichts von der Hand des Placentinus herrühre? Die Frage, ob er zu Mantua gelehrt, hier durch ein Fragezeichen angedeutet, wird durch die Vorrede bejaht, wo Placentinus sagt: „Cum Mantuae essem ibique juris scientiae praecepta pluribus auditoribus traderem." Ein Abdruck derselben findet sich im dreizehnten Anhang des vierten Theils von Savigny's, S. 540 ff.

§. 9. **Anselmus ab Orto**, auch **Anselminus**, **Ansellus** oder **Anselinus** genannt. Eine Handschrift seines „instrumentum actionis" hat Bluhme im Vatikan unter Codices Palatini gesehen. Der Codex Hispano-Bononiensis, von welchem, nach Walther und Savigny, schon Sarti gesprochen, hätte unser Verfasser jetzt in dem Werkchen von Rud. Jacobi, Anselminus de Orto, Super contractibus emphytensis et precarii (Weimar 1854), S. 6, beschrieben finden können. Der Titel lautet: „Incipiunt proemium Anselli de Orto Rubr. de instrumento actionum et tempore earum, que cui competant et adversus quem."

§. 10. Der „Ulpianus de edendo." Mit Recht hat W. sich hier auf einen Auszug aus Hänel's Einleitung beschränkt. Jedoch wäre hier etwas mehr Ausführlichkeit zu wünschen gewesen, besonders in Betreff der Handschriften und Ausgaben. Was die Handschriften anbelangt, so führt W. die „in der Harleyschen Bibliothek zu London, in Paris, in Lüttich und in Trier" an. Fürs Erste kann man wohl von einem Codex Harleianus, aber nicht von einer Bibliotheca Harleiana, sprechen, ohne zugleich auf die Schätze des Brittischen Museum hinzuweisen; und zweitens gibt es in derselben Sammlung einen Codex Casleianus, der dasselbe enthält. Ferner ist die Handschrift zu Lüttich dieselbe, die unter dem Namen des Codex Meermannianus bekannt ist. Endlich gibt es auch noch Handschriften zu Holkham und Chalons. Ueber die Reihenfolge der Ausgaben und deren gegenseitiges Verhältniß, hätte W. auf Warnkönig's lehrreiche Uebersicht in Richter's Krit. Jahrb. III, 41 ff. verweisen können. Schließlich wäre hinsichtlich der Zeit, wo dieses Werkchen geschrieben wurde, eine Hinweisung auf Duhn's Bemerkungen im Archiv für Civil. Praxis, XLII, 35 ff. nicht überflüssig gewesen. Die Anführung von Wüstemann's Untersuchungen, Bd. V, bezieht sich auf die Bemerkungen dieses Philologen im fünften Theile von Hugo's Civilistischem Magazin.

§. 11. Joannes Bassianus. Von seinen hier genannten drei Werken ist die „Summa de actionibus" verloren gegangen, die „Summa quicunque vult" abgedruckt bei Savigny IV, 549 ff., der „Arbor Actionum" von Brinz aufs Neue in der ursprünglichen Gestalt herausgegeben. Wer sind die „vielen Commentatoren mit Namen guten Klanges", welche Walther hier im Auge hat? Bei einigen konnte er gewiß, wie er gethan hat, auf die Fortsetzung seines Werkes verweisen; in Bezug auf andere z. B. den hier genannten Baptista de S. Blasio wäre einige Aufklärung wünschenswerth, und zwar muß ich um so mehr darauf bringen, als W. sagt, daß eine neue, aber wesentlich veränderte Ausgabe von Johannes Bassianus i. J. 1498 zu Venedig erschienen sei. Er scheint hier ein Buch zu meinen, das den Titel führt: Joh. Bapt. de S. Blasio J. U. D. Tractatus de actionibus et natura earum. Venet. per Paganinum de Paganinis, die. ult. m. apr. 1498, fol. Endlich hat Savigny erst in seiner zweiten Ausgabe (IV, 302) auf den Commentarius von Joh. Faber aufmerksam gemacht; dieser ist dem Titel der Institutionen de actionibus in seinem größeren Werke angehängt.

§. 12. Damasus. Was W. über die Zeit, in welcher dieser Schriftsteller gelebt hat, mittheilt, ist ganz aus Savigny (V, 162 ff.) entlehnt. Er hätte noch hinzusetzen können, daß Damasus Canonum professor zu Bologna gewesen. Aber er hätte zugleich bemerken sollen, daß sein „schrieb vor 1234" jetzt nicht mehr über allen Zweifel erhaben ist, indem das Argument, worauf sich Savigny's Beweisführung stützt, durch Bergmann's spätere Untersuchungen über die Zeit, in welcher Tancred gelebt, entkräftet worden ist. Die einzige Ausgabe des „ordo judiciarius" kommt in den Anecdota von Wunderlich vor. „Weitere kenne ich auch nicht", sagt Walther, was sich von selbst versteht, da sonst Wunderlich keine „Anecdota" geliefert haben würde. Er folgte der Pariser Handschrift, Nr. 3925 a, und kannte die Wiener bloß aus Mittheilungen Anderer.

§. 13. Pillius. Walther sagt, Bergmann nenne den Glossator Pilius, im Widerspruch mit Savigny, der ihn Pillius nennt. Ein Blick in Bergmann's Ausgabe reicht hin, uns vom Gegentheil zu überzeugen. Es scheint, als habe der Verfasser die Ausgabe zwar angeführt, aber nicht hineingesehen Wenigstens behauptet er, Tancred sage: „Post modum Pilius mediocris legista et doctor egregius civili ordine paucos tamen canones includendo" cet. So steht es zwar in der editio princeps, aber dieses mediocris ist so ungereimt, daß der neuere Herausgeber aus einer Menge von Varianten die wahre Lesart Medicinensis aufgenommen hat. Walther nimmt nun selbst an, daß Pillius im Flecken Medicina geboren sei. Die Variante includendo statt inducendo habe ich bei Bergmann nicht gefunden. Von dem Tractatus „de testibus" spricht W. kein Wort. Erst Merkel hat darauf aufmerksam gemacht. Vergl. Savigny IV, 350 (späterer Zusatz).

§. 14. Tancredus. Die Art und Weise, wie der Verfasser hier Andere zurechtweist, ist in der That ärgerlich und widerwärtig. Nachdem er einige Erklärung über die Ausgabe von 1515 gegeben, setzt er hinzu: „Mit diesen wenigen Worten, denke ich, soll der Schwindel für immer beseitigt sein, der bis auf unsere Tage herab die Wahrheit so arg verdunkelt und selbst sehr hervorragende Rechtslehrer schwer irre geführt hat." Als ob nicht gerade Bergmann und Wunderlich durch ihre gewissenhaften Studien zu Resultaten gelangt wären, von denen der Verfasser nicht die geringste Notiz genommen! Von den verschiedenen Recensionen von Tancred's Buch „de judiciorum ordine" wird hier keine Silbe gesprochen, ob es im J. 1214 verfaßt sei, und im J. 1225 (noch zu Tancred's Lebzeiten) in Frankreich eine Umarbeitung erfahren habe, wird nicht untersucht; ob die französische Uebersetzung aus einer zweiten Ueberarbeitung von 1237 hervorgegangen, wird nicht angezeigt, und was Bartholomäus von Brescia gethan, um den Text mit späteren Verordnungen in Einklang zu setzen, wird nicht mitgetheilt. Siehe Bergmann, in den Gött. Gel. Anzeigen, 1842, S. 1065—1080, und Wunderlich in Richter's Jahrbüchern, V, 239. Ueber die Königsberger Handschrift, die die zweite Bearbeitung enthält, vergl. Steffenhagen, S. 7. Aengstlich klammert sich Walther an die scharffinnigen Ansichten Savigny's an; er nennt die neue, von Bergmann veranstaltete Ausgabe, und läßt dennoch außer Acht, was Wunderlich mit vollem Rechte in den Prolegomena zu Damasus versicherte „vix fore quemquam, qui ea, quae de Tancredi ordine judiciario a viro primario (sc. Savinio) disputata sunt, post acutissimas Friderici Bergmanni disquisitiones adhuc defendi posse arbitretur!"

§. 15. Bernardus Dorna. Von seinem Werke „de libellis et conceptione libellorum" hat Bethmann-Hollweg einige interessante Stellen Savigny mitgetheilt.

§. 16. Pontius de Jlerda. Dem Savigny entlehnt, aber ungenau. Sein Commentarius fängt mit den Worten an: „Quoniam ut ait Seneca fragilis est hominum memoria" (nicht vita).

§. 17. Jacobus Balbuini. Alles aus Savigny, jedoch mit der verkehrten Bemerkung, daß von der „Distinctio de confessionibus" eine Handschrift zu Paris sich befinde. Die Initialia dieser Schrift werden von Jo. Andreä mitgetheilt.

§. 18. Bagarottus. Der Titel seines Werkes „de exceptionibus" wird hier noch „cavillationes" genannt, obgleich bereits Savigny vor dieser Benennung, als einer verkehrten, gewarnt hat. Auch fehlt hier die Angabe einer von Merkel entdeckten Handschrift, worin dieses Werkchen dem Pillius zugeschrieben wird. Vgl. v. Savigny, V, 140.

§. 20. Ubertus de Bonacurso. Daß er nicht allein in Vercelli, sondern auch zu Padua gelehrt habe, ist schon längst ermittelt. Vgl. Laspeyres „Ueber die Entstehung der Libri Feudorum", S. 80 und Savigny, V. 149. Von seinem Werke „de praeludiis causarum" ist die Handschrift nicht zu Bonn, sondern zu Rom entdeckt worden.

§. 21. Joannes de Deo. Hier wird unter den Handschriften der „Cavillationes" weder die des Britischen Museums, noch die zu Osnabrück, noch der Codex Casanatensis genannt. Siehe v. Savigny V, 473 ff.

§. 22. Bartholomäus Brixiensis. Auf eine zu Rom befindliche Handschrift des „libellus magistri Tancredi correctus per B. B." hat Merkel aufmerksam gemacht, der die Schlußworte Savigny'n mitgetheilt hat. Siehe v. Savigny, V, 123 ff. Walther folgt hier dem Letztgenannten, wenn er Jo. Andreä tadelt, der gesagt habe: „hunc libellum solum in antiquarum compilationum allegationibus reformavit." Aber ist nicht die Richtigkeit der Behauptung Andreä's, von Bergmann in seinem Programm „de lib. Tancredi" gegen Savigny treffend vertheidigt? Auch Wunderlich gibt das zu in Richter's und Schneider's Krit. Jahrbüchern, V, 232 ff. In jedem Falle hätte hier die Verschiedenheit in den Ansichten der Schriftsteller der heutigen Zeit angegeben werden sollen. Den Pariser Codex von Bartholomäus Brixiensis (Nr. 4252) hat Wunderlich (a. a. O. 237), ausführlich beschrieben. Von dem „Liber Judicum" gibt es auch noch eine Handschrift zu Königsberg, die Steffenhagen beschreibt, a. a. O. 20 ff.

§. 23. Bonaguida. Varianten einer Königsberger Handschrift ließ Steffenhagen, neben dem von Wunderlich herausgegebenen Texte, abdrucken, a. a. O. 25—27. Hier hätte man eine Beurtheilung der Gründe erwarten dürfen, welche Wunderlich bestimmt haben, das Jahr 1249 als das Geburtsjahr der „summa introductoria advocatorum" anzusetzen. Der Verfasser hatte sie ja selbst in den Gött. Gel. Anzeigen, 1841, S. 1181 bringend empfohlen. Indessen besaß er keine Kunde von einem Codex Vaticanus, dessen Merkel bei Savigny, V, 507 erwähnt.

§. 24. Roffredus Epiphanii. Was hat der Forscher an der Angabe der vier Handschriften des Tractatus de libellis, die Savigny gesehen, mit Uebergehung aller übrigen, die dieser allein aus den zuverlässigen Berichten anderer kannte? Als editio princeps wird hier noch die Avignoner Ausgabe von 1500 angesehen, während Savigny in der zweiten Auflage seines Werkes (V, 209) einer andern (s. l. et a.), die sich auf der Bibliothek zu Breslau befindet, den Vorrang einräumt. Man sehe ferner über den Codex Regimontanus Steffenhagen, a. a. O. 10. Was Walther übrigens „ein Werk de positionibus" nennt, ist ein Aufsatz von ein paar Seiten im Oceanus juris.

§. 25. Nepos de Monte Albano. Mit Recht entlehnt W. hier eine Bemerkung Savigny's, daß das Stück „de testibus", welches im Oceanus juris steht, nichts anderes sei als ein Theil seines „liber fugitivus". Hatte der große Meister ihm hier nicht einen Wink gegeben, zu untersuchen, ob sich dasselbe nicht auch von andern Fragmenten aus späterer Zeit, die in derselben großen Sammlung vorkommen, sagen lasse? Hätte er darauf geachtet, dann würden gewisse Artikel, z. B. Schenk von Tautenberg, ganz anders ausgefallen sein. — Zwei Handschriften des „liber fugitivus", die Savigny nicht kannte, beschreibt Steffenhagen, a. a. O. 25. Hinsichtlich der Ausgaben ist der Verfasser sehr ungenau. So spricht er von einer Francofurtana von 1573, 8°, die nicht existirt, indem das Werkchen hinter „Masverii Jcti Galli Practica Forensis, annot. a Matthia Castritio Darmstatino Jcto. Frf. a 1573 fol." vorkommt. In dem auf der Leidner Bibliothek sich befindenben Exemplare fehlt es jedoch trotz der ausführlichen Anzeige auf dem Titel.

§. 26. Joannes de Blanosco. Aus Haenel's Catalog hätte der Verfasser ersehen können, daß auch zu Cambrai, Chartres, Tours und Basel Handschriften des „Comment. ad tit. I. de actionibus angetroffen werden.

§. 27. Guilielmus de Drocheda. Pancirolus, von Walther citirt, nennt ihn Proreba. Von seinem Buche de judiciis sagt er: „vetustate perlisse existimatur."

§. 28. Gratia. Bergmann's Ausgabe beruht auf der einzigen bis jetzt bekannten Handschrift, welche sich zu Bamberg befindet. Sie ist an vielen Stellen corrupt und unverständlich, weßhalb der Herausgeber den Text durch mehr oder weniger bedeutende Emendationen wieder herzustellen versucht hat.

§. 29. Obofrebus. Bei der Kölner Ausgabe von 1582 ist nicht angegeben, daß darin auch der Processus von Henning Goben vorausgeht.

§. 30. Albertus Galeottus. Einer Madrider Handschrift seiner „Summula Questionum" erwähnt Haenel, Catal., 970. Die gegen von Savigny gemachte Bemerkung, ist ganz unstatthaft. Von den Zugaben und Anhängen zu Werken jener Zeit sind viele Exemplare besonders gebunden. Der Titel der besondern Ausgabe dieser „Summula" ist nicht ganz gleichlautend dem hier angegebenen. Er heißt dort: Aurea Margarita ac pene divina D. Alberti Galeotti Parmensis, in qua frequentiores in foro et praxi occurrentes quaestiones proponuntur et diligenter pertractantur. Colon. Apripp. ap. Jo. Cymnicum. a. 1595. 8.

§. 31. Thomas de Piperata. Steffenhagen (a. a. O. 31) hat auf eine in einer Königsberger Handschrift vorkommende und mit Th. p. bezeichneten quaestio aufmerksam gemacht.

§. 32. Martinus de Fano. W. sagt, von seinem Proceßsystem seien keine Handschriften bekannt, und doch hat bereits Merkel auf den Codex Vatic. Palat., 57, hingewiesen. Vergl. Savigny, V, 490. — Von dem untergeschobenen Tractat „qualiter negativa probetur" findet sich auf der Leidner Universitäts-Bibliothek eine weder bei Savigny, noch hier citirte Ausgabe, erschienen zu Köln bei Joannes Gymnicus i. J. 1592. — Gleichsam von selbst entsteht hierbei die Frage, warum W. dem Herculanus von Perugia keinen eigenen Paragraphen gewidmet hat? Ist doch seine „Tractatus de probanda negativa" bei weitem interessanter als der des Martinus de Fano. Er hat ihn dem Cosmo de Medicis dedicirt.

§. 33. Salathiel und sieben Processualisten von geringerer Bedeutung. Vom parvus ordinarius ist eine, von der Contentio actoris et rei sind zwei Königsberger Handschriften von Steffenhagen, a. a. O. 7 angegeben. Ist der modus procedendi (hier unter b) wohl ein anderes Werk als die contentio actoris et rei (hier Nr. 3)?

§. 34. Guilielmus Durantis. Was W. hier von den Handschriften des speculator sagt, muß aus Savigny's Mittheilungen (V, 588) ergänzt werden. In Bezug auf die Ausgaben hat er bloß auf letztgenannten verwiesen mit der sonderbaren Bemerkung, daß die von 1501 (Venet. Tortis) nicht am 22. April, sondern „die VIII Maii" erschienen sei.

§. 35. Eilbertus Bremensis. Hätte der Verfasser bemerkt, daß das Gedicht über den Proceß dem Bischof Wolfker von Padua gewidmet ist, dann wäre der Leser leicht selbst im Stande gewesen, die Zeit seiner Abfassung zu bestimmen.

§. 36. Guido de Suzaria, „bekannt als hochherziger Blutrichter Conradin's". Wo hat der Verfasser das hergeholt? Gewiß nicht von Savigny, welcher (V, 390) sagt, daß, als Conradin gefangen genommen,„Guido den Muth hatte, gegen dessen Hinrichtung zu stimmen, indem er sie für ungerecht erklärte". Im Ganzen ist hier an keinen „Blutrichter" zu denken, und auch in dieser Hinsicht hat W. die Worte Savigny's ganz falsch verstanden. „Riccobaldo" — sagt Crispi — „racconta, che quando il misero Corradino cadde nelli mani di Carlo, questi volle da' Giureconsulti sapere, s'ei meritasse pena di morte; e Guido con libertà, rara ad usarsi da' Giureconsulti verso i Sovrani, rispsogli apertamente che no, il che nondimeno non sottrasse alla morte quell' infelice Principe. Forse allor Guido decadde alquanto dalla grazia del Re Carlo; e a quella occasione credette oportuno il lasciarne la Corte." An dem Dasein einer besonders von ihm bekannt gemachten Schrift „de testibus" zu zweifeln, scheint kein Grund vorhanden zu sein. Es wird ihrer von Mansi in seinen Zusätzen zu Fabricius erwähnt unter den Codices, in der von Felinus Sandeus hinterlassenen Bibliothek, die zu Lucca bewahrt wird. Aber mit Recht hätte man hier eine Untersuchung oder doch wenigstens einige Mittheilungen über das dem Guido zugeschriebene Buch „de instrumento guarentigiato" erwartet. Savigny nennt die Forschungen Crispi's über Guido „sehr gründlich", und doch hat auch er den Diplovataccius offenbar nicht selbst angesehen, sonst würde er nicht Balbus, statt Bartolus geschrieben haben.

§. 39. Aegidius Fuscararius. Hier ist wieder in Folge dessen, was Savigny in seiner ersten Ausgabe mitgetheilt hat, das Dasein einer von Böcking citirten Ausgabe des „Processus" bezweifelt; und doch hat Merkel später gerade diese Ausgabe in der Bibliotheka Casanatensis zu Rom gesehen und benützt.

§. 40. Guidio de Baisio. „Nach meinen Forschungen ungedruckt", sagt Walther. Aber ist wohl eine einzige Handschrift seiner „Practica Judiciorum" bekannt? Wie weit die Nachforschungen Walthers sich erstreckt haben, ist mir natürlich unbekannt; aber ich sehe nicht ein, wie er von diesem Guido so wenig zu melden weiß nach den vortrefflichen Forschungen eines Crispi. Guido war gebürtig aus Baiso, im ehemaligen Herzogthume Reggio, genoß den Unterricht des Guido de Suzaria (Savigny V, 389) und wurde i. J. 1296 Archidiaconus zu Reggio. Später lehrte er zu Bologna und dort geschah es, daß er Joannes Andreae wider Willen zum Doctor promovirte, wofür dieser ihm noch in späteren Tagen seinen Dank abstattete.

§. 41. **Jakobus be Arena.** Von der Haenel'schen Handschrift des „Tractatus de expensis in judicio factis" wird hier natürlich noch nichts erwähnt, und ebensowenig von der Handschrift „de praeceptis judicum" bei Steffenhagen, a. a. O. S. 11.

§. 42. **Dinus.** Auch von dem „Commentarius in tit. I de actionibus" hat Merkel jetzt eine Handschrift im Vatikan entdeckt. Die Ausgaben, deren W. erwähnt, eine Bologneser von 1485, eine andere von Pescia von 1491, sind von Savigny nicht angegeben, wohl aber die von 1495. Warum nicht den Ort angezeigt, wo ein Exemplar zu finden ist? Seemiller sagt sehr vorsichtig: „Apud Denis in Suppl. p. 203 hujus operis editio cum nota anni 1485 ab iisdem typographis excusa memoratur. Verum videtur error esse in anni nota, et 1485 pro 1495 transcriptum". Jncunab. IV, 61.

§. 44. **Petrus Jacobi.** Von ihm meldet Walther: 1) De „arbitr. et arbitrat. Handschr. unbekannt." Allein außer zu Basel befindet sich auch zu Königsberg eine Handschrift dieser Schrift. Steffenhagen, S. 33. —2) „De practica libellandi". Als editio princeps wird hier eine Ausgabe sine loco 1473, genannt. Diese Notiz ist offenbar aus Savigny entlehnt, der sich an keine, für seinen Zweck ziemlich überflüssige und weitschweifige bibliographische Untersuchung gewagt hat, und auf Fabricius verwies, indem er Manfi meinte. Von Walther aber hätte man sorgfältigere Nachforschungen erwarten dürfen, und seine Aufgabe würde hier sehr leicht gewesen sein, hätte er von dem vortrefflichen Aufsatz Gebrauch gemacht, den der gegenwärtige Präsident des französischen Staatsraths, De Parieu, vor einigen Jahren über den genannten Rechtsgelehrten veröffentlicht hat. Der Titel lautet: „Etude sur la pratique dorée de Pierre Jacobi, Jurisconsulte du quatorzième siècle". Er ist zu finden in der Revue de Législation et de Jurisprudence von Wolowski, XX, 417—452. Auch Savigny hat es versäumt, in der zweiten Ausgabe seines Werkes auf die Resultate dieser gründlichen Schrift zu achten.

Die Editio princeps von 1473 blieb de Parieu unbekannt, und er fand sie auch nicht erwähnt in einer Abhandlung von Raulhac über die ausgezeichneten Männer, die Aurillac hervorgebracht hat. Walther tadelt Danz, daß er unseren Juristen Aurellanensis genannt hat, denn er war nicht von Orleans, sondern von Aurillac; jedoch hätte zugleich angegeben werden sollen, daß wirklich der Titel der Kölner Ausgabe von 1575 zu diesem Versehen Veranlassung gegeben hat.

Aber noch ein anderer Punkt nimmt unsere Aufmerksamkeit in Anspruch. M. de Savigny — sagt de Parieu „a été mal informé en considérant le traité de arbitris comme un ouvrage distinct de la Pratique dorée". Nach seiner Ansicht ist es nichts anderes als ein Auszug aus dem Titel „de recursu ad arbitrium boni viri". Als seine Vorgänger nennt Jacobi ausdrücklich Johannes de Blanosco, Roffredus Epiphanii und Guillelmus de Ferrariis. Vom letztgenannten wird in Walther's Schrift nicht gesprochen.

§. 45. Petrus de Unzula. Weder Savigny noch Walther erwähnen der Ausgabe: „Apparatus notularum famosissimi legum doctoris Petri de Unzola de Bononia. Jmp. Vincentie per Mag. Henrichum de sancto Ursio die XIII mensis Januarii 1490. Fol. Wahrscheinlich hat Letzterer es als ein außer dem Kreise seiner Forschungen gelegenes Werk angesehen.

§. 46. Joannes Monachus. Ist sein „Defensorium Juris" zu Caen herausgegeben noch vor der Venetiana von 1491? Fabricius, Bibl. Lat. IV, S. 304 spricht von einer Kölner Ausgabe in Folio. Eine andere Venetiana von 1502 findet man bei Panzer, X. 35. n. 152[b]. Daß der Verfasser ein gewisser Gerardus monachus cistercientis war, ist neuerdings bestätigt durch einen Codex Regiomontanus, den Steffenhagen im Provinzial=Archiv fand. Zeitschr. f. RG. IV. S. 188.

§. 47. **Petrus de Boaterii s.** Savigny (V, 554) unterscheidet die „Practica Judiciorum" von dem Commentarius zu Rolandinus, aber mit Recht hat Walther das zweite Werk des Petrus Zusätze zu Guido de Baisio genannt.

§. 48. **Piperarius.** Waltet hier kein Irrthum ob? Kommt Thomas Piperata hier nicht unter doppeltem Namen vor? Zu dieser Frage verleitet sowohl der Name, als auch die geringe Kunde, die man von diesem Schriftsteller hat. Jedoch die Genauigkeit, womit Arisius arbeitete, verbietet uns, sie zu bejahen. Bei Savigny kommt Piperarius gar nicht vor.

§. 49. **Olbrabus.** Ueber die Ausgaben seiner „Consilia" kommt hier nichts vor, weil Savigny dem Verfasser den Weg nicht gezeigt hat. Dennoch hätte er in Betreff des Verhältnisses dieses Werkes zu der Arbeit Joh. Andreae's wohl den Spuren seiner Vorgänger folgen mögen. Warum hier ferner eine Abhandlung von Olbrabus „de legitimatione" genannt wird, während der Verfasser seine übrigen Werke mit Stillschweigen übergeht, ist nicht deutlich. Diese Schrift hängt ja wahrscheinlich mit dem Proceßrecht nicht zusammen, und Savigny sagt, die Stelle bei Caccialupi, wo das Buch genannt wird, sei von unbekannter Hand in der Ausgabe von 1530 interpolirt.

§. 50. **Johanes Faber.** Eine kritische Uebersicht der Ausgaben seines Commentarius zu den Institutionen fehlt noch immer.

§. 51. **Johannes Buttrigarius.** Wenn sein „Commentarius in tit. I de actionibus" weder gedruckt, noch im Manuscript vorhanden ist, hätte sein Name füglich übergangen werden können. Sind jedoch Ausgaben davon bekannt — Savigny sagt nichts davon — so wäre eine Angabe derselben hier allerdings am Orte gewesen.

§. 52. **Johannes Andreae.** Hier war dem Freund der Litteraturgeschichte des Rechts eine Gelegenheit dargeboten, sich in seiner vollen Kraft und im Bewußtsein seiner Ueberlegenheit zu zeigen. Ist die Schrift „Ordo judiciarius", die unter dem Namen des gefeierten Rechtslehrers seit Jahrhunderten vorkommt, wirklich von seiner Hand? Welche Spuren seines Werkes zeugen für seinen Einfluß auf andere Denkmale des Mittelalters? Mit bewunderungswürdigem Scharfsinn und nach einer gewissenhaften Prüfung zahlreicher Handschriften suchte Rockinger vor einem Jahrzehend darzuthun, daß die Schrift im Jahre 1215 oder 1220 abgefaßt worden; daß sie ihre gegenwärtige Gestalt im dritten Viertel des dreizehnten Jahrhunderts erhalten, und daß sie, auf deutschem Boden verfaßt, mit Italien nichts zu schaffen hat, woselbst sogar keine Handschriften davon zu finden sind. Von all' dem wird hier nicht die geringste Notiz genommen. „Zuletzt" — sagt Walther — „schrieb L. Rockinger über eine ordo judiciarius, bisher dem Jo. Anbreae zugeschrieben." Selbst der Umstand, daß der Kobergersche Druck vom Jahre 1494 den Namen des Autors nicht nennt, ist unserem Verfasser entgangen. Darf es nun wohl befremden, daß auch der Aufsatz des verstorbenen Rathsherrn Evertz „Joh. Andreae in sijne betrekking tot de Friesch Regtsbronnen" (Aant. Utr. Gen., 1857—1858, 10—12) nicht zu seiner Kenntniß gelangt ist? Ja, was mehr sagt, in der von Walther citirten Ausgabe von Wunderlich werden zwei frühere Ausgaben, eine Nürnberger von 1510 und eine Basler von 1517 beschrieben, die wir hier gar nicht genannt finden. Die neuesten Mittheilungen aus Königsberger HSS. von Steffenhagen (Zeitschr. für Rechtsgeschichte, IV. 188) müssen jeden Forscher auf dem Gebiete der juristischen Literärgeschichte zu weiteren Untersuchungen über dieses interessante Thema anregen.

§. 53. Bonincontrus. In der späteren Rechtspraxis wurde seinem „Tractatus de appellationibus" nicht die geringste Autorität zugestanden.

§. 54. Bartolus. Daß der „Ordo judicii" nicht ihm, sondern Arnulphus zuzuschreiben sei, lehrte auch Savigny in seiner zweiten Ausgabe, VI, 179. Handschriften des „Tractatus de Testibus" und der „Quaestio inter Virginem Mariam et Diabolum" hat Merkel angezeigt. Die Summa „Ut nos Minores" wird hier angeführt, aber nicht eine dritte HS. bemerkt, welche Reatz in der Hofbibliothek zu Darmstadt entdeckte. Natürlich wurde auch die Abhandlung dieses Gelehrten „Ueber die Summen Ut nos Minores, Ad summariam notitiam cursus consueti causarum und des Bartolus'schen Tractat de ordine judicii" (Zeitschr. f. RG. III. 301—326) unbenutzt gelassen.

§. 55. Balbus. Schon Savigny hat auf die wichtige Frage aufmerksam gemacht, welchen Umfanges die „Practica" dieses berühmten Schriftstellers gewesen sei. Die Ausgaben nämlich stimmen nicht zusammen, und die Vergleichung der von 1515 mit der von 1528 hat zu keinen entscheidenden Resultaten geführt. Die ganze Frage wird von W. blos berührt, nicht beantwortet.

§. 56. Joannes Petrus de Ferrariis. Was Savigny in Bezug auf ihn mittheilt, hat wenig zu bedeuten: seine Angabe, daß die editio princeps der „Practica" i. J. 1473 erschienen, ist nicht über allen Zweifel erhaben, von Walther aber getreu adoptirt worden. Seemiller beschreibt ja zwei Ausgaben ohne Ort und Jahreszahl: die erste (I, 137—139) trägt alle Kennzeichen an sich, daß sie die Presse des Eggestein zu Straßburg von 1471 verlassen; die andere scheint aus derselben Druckerei hervor gegangen zu sein und ein auf der Münchner Bibliothek befindliches Exemplar derselben wurde von Wolfgang de Herzogburg, der als Professor Juris Pontificii zu Ingolstadt i. J. 1478 gestorben, der Facultas artium zum Geschenke gemacht. Keine dieser Ausgaben kommt bei W. vor, und dennoch schließt der Paragraph bei ihm mit der unnöthigen Anmerkung: „Die Ausgabe sub. c. 1515, c. 1507 und f. 1585. sind bisher in der Proceßliteratur nicht erwähnt worden."

§. 57. Hermannus de Bare. Stammte er aus Bari im Neapolitanischen? Der Name scheint einen Deutschen zu verrathen.

§. 58. Jacobus de Theramo. Ueber die „Consolatio peccatorum" ist schon so viel geschrieben worden, daß es unnöthig scheint, zu dem von W. Mitgetheilten Etwas hinzuzufügen. Jedoch dürfen wir nicht verschweigen, daß er da, wo er die Augsburger Ausgabe von 1472 nennt, Ruborff tadelt, weil er den Drucker „Schüffler" nicht „Schuble" genannt hat. Dieser Verweis ist aber sehr unglücklich angebracht, denn der genannte Drucker „Johann Schüffler" ist so berühmt, daß eine Hinweisung auf Veith's gelehrte Diatribe de origine et incrementis artis typographicae in urbe Augusta Vindelica zu ihrer Wiederlegung hinzureichen scheint. Uebrigens wird dieser „Belial" sehr ausführlich in Seemiller's Jncunabulae (I, 41) beschrieben und als das letzte Erzeugniß der Schüffler'schen Presse bezeichnet. Vergl. III. 17.

§. 59. Nicolaus de Tudeschis. Man hätte hier eine genaue Angabe und Vergleichung der Ausgaben des „Processus judiciarius" von Panormitanus erwarten dürfen. Die Vergleichung von Hain's Repertorium hätte die Nachforschung leicht gemacht. Nur Eine Ausgabe des fünfzehnten Jahrhunderts wird hier genannt, aber nicht die älteste. Im Anfang heißt das Werk „judiciarius ordo", ein Titel, der bei W. nicht vorkommt; am Schlusse heißt es „Practica de modo procedendi in judicio tam summario et de plano quam mere et cum strepitu judiciali". Die Herausgeber, Joannes Antonius de Birretis und Franciscus de Gyrarbenchis zu Venedig vollendeten das Werk im October 1488. Ebensowenig die folgende, von Dionysius de Bertochis am selbigen

Orte im Juni 1492 veranstaltet und unter derselben Aufschrift herausgegeben.

§. 60. **Lanfrancus de Oriano.** Unter den Apostillen zu der „Practica Lanfranci" werden hier genannt die von „Cels. Hug. Dissutus Labilon Burgundus" und „Barth. Lepolla." Dissutus (Descousu) ist aus Chálons sur Saône, also Cabillonensis. Ein Lepolla ist unbekannt. Der Verfasser der „Cautelae causarum civilium" hieß Bartholomäus Cäpolla. Daß hier an keinen Druckfehler zu denken sei, beweist das Register s. v. Lepolla!

Was die Practica Lanfranci selbst betrifft, so finden wir hier die Lyoner Ausgabe von 1559, die von den früheren an mehreren Stellen abweicht, nicht angegeben. Sie führt den Titel: „Practica Judiciaria Lanfranci de Oriano cum Benedicti Vadii et Celsi Hugonis Dissuti annotationibus, a D. Gabriele Sarayna Juriconsulto Veronensi innumerabilibus, quibus scatebat, erroribus novissime repurgata. Lugduni apud Haeredes Jacobi Juntae, 1559. 8."

§. 61. **Johann von Auerbach.** Ruborff hat gezeigt, daß er nur ein Nachschreiber des Nicolaus de Tudeschis ist; bloß wird in den Formularen immer Erfurt als locus judicii genannt. Nicht genannt wird die Speierer Ausgabe von 1486, von welcher (nach Stobbe, II, 179) Baur in seinen Primitiae typographiae Spirensis, S. 32 spricht. — Walther nennt ihn Johann von Auerbach und setzt hinzu: „auch, aber gewiß unrichtig, von Aurpach." Daß diese Schreibart ganz und gar nicht verkehrt sei, ergibt sich aus dem Titel des Werkchens: „Epistolarum juridicarum, qua consiliorum vice esse possunt, libri IIII. Authore Johanne Aurpachio Jurisconsulto clariss. Colon. Agr. ap. Jo. Byrckmannum Anno Salutis 1566. 8. Es scheint ja nicht zweifelhaft, daß dieser Schriftsteller aus der Mitte des sechszehnten Jahrhunderts zu demselben Geschlechte gehört habe, wie der

Verfasser deß „Processus judiciarius". Ich halte es nicht für überflüssig, hier vor einem Mißverständniß zu warnen, denn einige, wie z. B. Abelung und Stepf, waren der Meinung, beide Werke rührten von demselben Verfasser her, was unmöglich ist und sich aus einer genauen Beachtung der Briefdata ergibt.

Eine genaue Untersuchung war hier unumgänglich nöthig, da auch Savigny (VI, 481) sich von Abelung hat irre führen lassen. Letzterem zufolge war Johann Auerbach, der Leipziger Gelehrte aus der letzten Hälfte des fünfzehnten Jahrhunderts, „ohne Zweifel" dieselbe Person, wie der Bairische Rechtsgelehrte, dessen Briefe Joecher erwähnt, und natürlich mußte er nun auch auf die Vermuthung gerathen, daß die Ausgabe der Briefe von 1566 nur ein neuer Abdruck sei. Die Briefe sind aber alle zwischen December 1560 und Mai 1566 geschrieben; die Sammlung ist mit einer Widmung an den Tyroler Edelmann Alexander Mornauch von Lichtenbert versehen, worin der Autor von dem Inhalt der Briefe spricht, „quarum aliquot jamdudum in Jtalia et Gallia, dum illis in locis studiorum causa sum versatus, reliquas postea in Germaniam reversus scripseram". Der Schreiber dieser Briefe kann demnach unmöglich derselbe Jurist sein, zu dessen Processus juris bereits i. J. 1489 ein anderer einen Commentarius herausgegeben.

Wann lebte sein Commentator Johann von Ebernhausen? Walther nennt zwei Ausgaben seiner Lectura die erste vom Jahre 1489, auf deren Titel er nicht als bereits verstorben bezeichnet wird, die zweite vom Jahre 1512, worin er „quondam hujus inclite iuridice facult. ordinarius dignissimus" heißt. Und nun setzt er, ohne genauere Untersuchung hinzu: „Aus dem unter Nr. 3 und 5 Gesagten ergiebt sich zugleich, daß Joh. von Ebernhausen nicht 1484 (Martin, Schmid), sondern zwischen 1489 und 1512 in Leipzig ver=

ftorben ift." Daß das nicht wahrscheinlich sei, ergiebt sich
daraus, daß ihm i. J. 1484 Joh. Breitenbach als Ordinarius facultatis Juridicae gefolgt ist; während das Hofgericht
zu Leipzig i. J. 1488 vom Herzog Albrecht errichtet worden
ist, mit der Bestimmung, daß genannter Ordinarius (damals
Breitenbach) den ersten Rang nach dem Judex Curiae bekleiden solle. Daß ferner Ebernhausen aus Göttingen (nicht aus
Oettingen, wie wir bei Wimpina, S. 60 lesen) gebürtig sei,
ergiebt sich aus dem liber Rectorum, nach Hommel, De
ordinariis facultatis Juridicae Lipsiensis, S. 16, welches auch
S. 4, von ihm sagt: „constitutus ordinarius 1480, mortuus
1484."*).

§. 62. Alexander be Tartagnis. Alles aus Savigny, aber ungenau. Vom Buche „de actionibus" ist ja
nicht allein oft von Späteren Jason als Verfasser angegeben,
sondern es scheint auch, daß dieser sich selbst das Werk seines
Lehrers zugeeignet habe.

§. 63. Sonderbare Verbindung zweier freien Uebersetzungen von Jo. Andreae mit der Basler Gerichtsordnung
von 1457 erst in unseren Tagen herausgegeben.

Was die zweite dieser Uebersetzungen betrifft, so nimmt es
den Leser Wunder, daß Heffter und Rudorff getadelt werden, daß sie den Heidelberger Herausgeber Knoblochtzen,
nicht Knoblochtern genannt, da es doch bekannt ist, daß
der Drucker Knoblochzer geheißen, oder vielleicht auch

---

*) Diese Recension war bereits abgedruckt, als ich mich der neuesten
Forschungen Muthers über Johann von Ebernhausen's Leben
und Thätigkeit erinnerte, mitgetheilt in der Zeitschrift für Rechtsgeschichte, IV. 392 fgg. Da mir der Naumann'sche Catalog nicht
zu Gebote steht, muß ich mich jedes Urtheils über die handschriftlichen Bemerkungen in einem Codex der Leipziger Rathsbibliothek
enthalten. Jedenfalls bestätigen sie theilweise die oben vorgetragenen Conjecturen.

Knobloechzer geheißen, denn beide Namen kommen auf den
Titeln der von ihnen herausgegebenen Schriften vor.

§. 64. Gui Pape. Keiner der hier citirten Schrift=
steller ist im Stande, uns über das Leben und die Schriften
dieses berühmten Rechtsgelehrten einigen Aufschluß zu geben.
Was Nicéron im 36¹ᵗᵉⁿ Theile seiner Memoires giebt, ist wenig=
stens brauchbar. Daß er (wie W. behauptet) i. J. 1487 ge=
storben sei, ist höchst ungewiß; nur das läßt sich erweisen, daß
er nicht lange nach 1475 gelebt hat. Ungenau ist, was W.
hinsichtlich seiner Schriften mittheilt. Hier kommen in Betracht:
1) Die „Decisiones Gratianopolitanae. Ed. princ. Grenoble
1490. Fol. Spätere: Lugd. 1554, 8. Lugd. 1593. 4.
Francf. 1591. Fol. 1609, Fol. Genev. 1624, Fol. Die
französische Uebersetzung „La Jurisprudence de Gui
Pape" ist eine Umarbeitung, mit Zusätzen und einer
Lebensbeschreibung des Autors von Chorier.
2) Der Tractatus „De appellationibus", zuerst in den
Tractatus Juris (Lugd. 1544) aufgenommen, später wieder
abgedruckt in der Frankfurter Sammlung von 1576, im
Oceanus Juris und mit Franciscus de Herculanis
und Hier. Manfredi zu Köln im Jahr 1573 und zu
Mühlhausen im Jahr 1602.
3) Der Tractatus „De compulsoriis litteris" und „de primo
et secundo decreto" in die soeben genannten Samm=
lungen aufgenommen.

§. 65. Thomas de Basin. Daß Savigny nicht mehr
und nichts Besseres über diesen hochverdienten Gelehrten und
Geistlichen mitgetheilt hat, als was wir hier getreulich wieder=
holt finden, kann nicht befremden, indem er offenbar über die
bloß in der Uebersicht (Anhang I) genannten Juristen keine
eingehenden Forschungen angestellt hat. Aber wohl darf man
sich verwundern, daß W. nichts hinzuzufügen gewußt und selbst
den Geburtsort (Rouen statt Caudebec) falsch angegeben hat,

nachdem Guicherat seine Abhandlung „Sur la vie et les ouvrages de Thomas Basin" im dritten Theile der „Bibliothèque de l' Ecole des Chartres" veröffentlicht hat. Das „libellus de optimo ordine forenses lites audiendi" ist nicht die einzige prozessualistische Schrift, die von ihm im Manuscript übrig ist, er hat auch ein Opinio et consilium super processu Joannae puellae Aurelianensis" abgegeben. Siehe Dobt in der Zeitschrift „Utrecht voorheen en thans", 1844, I, 184, und Vallet de Viriville, in der Biographie Générale, s. v. Thomas Basin. Ferner finden wir in der neulich herausgegebenen Bibliotheca Bibliographica von Dr. Petzholdt, S. 173, eine Abhandlung von J. Andrieux genannt: M. Bazin, sa vie et ses écrits, aufgenommen in das Bulletin du Bibliophile von Techener, Série XII (2), 1856, 669—680; ich weiß jedoch nicht, ob dieses Stück sich auf unseren Proceßualisten bezieht.

§. 66. Die Formelbücher werden hier in wenigen Zeilen abgehandelt. Unendlich wichtiger ist was Stobbe (II, 158 ff.) darüber mit einer Genauigkeit ohne Gleichen mitgetheilt hat. Weder Henricus Geßler, noch Friderich Riedrer (über welchen sich Schreiber in seiner Geschichte der Universität Freiburg, I, 241 ff. ausführlich verbreitet), noch Alexander Hug werden hier mit Namen genannt.

Wir sind bei der zweiten Periode angelangt, die mit dem Jahre 1492 anfängt und mit dem letzten Reichsreceß endet. Die hier zuerst vorkommenden Italienischen Doctores Petrus Philippus und Joannes Crispus de Montibus gehören unstreitig noch in den vorigen Zeitraum; Corucus ist ja, wo nicht früher, so gewiß nicht nach 1492 gestorben. Letzterer kommt auf der Liste der Professores Juristarum zu Padua, von Facciolatus in seinen Fasti Archigymnasii Patavini mitgetheilt, nicht vor. Er schrieb (sagt Walther) ein Werk: Termini omnium actionum, das nach Savigny auch gedruckt ist. Aber dieses Werk ist dasselbe, welches er im

91. Paragraphen als Tractatus de actionibus erwähnt, und dessen Verfasser durchgängig Crispomontanus genannt wird. Es findet sich auch in der Sammlung von Autoren de actionibus zu Frankfurt 1609 in Folio herausgegeben.

§. 67. Uebrigens begreife ich nicht, wozu hier die Angabe dienen kann, daß Corneus nach Joecher 1462, nach Oberländer 1466, starb. Wir haben ja den Brief bei Fabroni, II, 183, womit er den 17. Mai 1476 den Pisanern den päpstlichen Befehl bekannt machte, wodurch er wieder nach seiner Vaterstadt Perugia abgerufen wurde.

§. 70. Ulrich Tengler. Der Titel der Editio princeps des „Lehenspiegels" wird hier sehr genau mitgetheilt. Walther ließ sich die Gelegenheit entgehen, Roßhirt zurecht zu weisen, der in seiner Geschichte des deutschen Strafrechts, I, 233, von einer älteren Ausgabe, die zu Straßburg bereits im Jahr 1507 erschienen sein soll, spricht. Vgl. Stobbe, II, 170. Doch dann hätte auch gewiß Brandt vor Tengler genannt werden sollen, was auch aus andern Gründen durchaus nöthig ist. In der Holländischen Ausgabe von Gobler, die ich besitze, heißt er „die vermaarde Heer Ulrik Tengler, praeses Altipolitanus, in sinen Leckenspiegel, wel voor dertich jaren." Auf die Straßburger Ausgabe von 1513 wird nicht hingewiesen, obgleich gerade diese sehr wichtig ist, weil Brandt sie besorgt hat. In einigen Ausgaben nach 1518 sind Klagspiegel und Laienspiegel vereinigt. Was Tengler's Verdienste denen Brandt's gegenüber anbelangt, so beruft sich W. zwar auf Feuerbach's Aufsatz, erwähnt aber nicht der Monographie von Schorch. Ueber U. T. Laienspiegel, zu Erfurt 1796 herausgekommen.

§. 71. Sebastian Brandt. Die frühesten Ausgaben des Klagspiegels sind hier ungenau beschrieben. Walther nämlich nennt nur Eine Ausgabe, die älter ist als die Augsburger vom Jahr 1497, der Jahreszahl und Ortsangabe fehlt. Daß zwei bekannt sind, lehren Panzer, Annal. Typogr., 33 und Seemiller, Jncun. Bibl. Jngolst. IV, 150. Das von Letzteren beschriebene Exemplar führt auch nicht den Titel: „Ein neu geteutscht Rechtbuch", sondern heißt „Clag, Antwort und Urteyl", wie die beiden später erschienenen Ausgaben. Daß übrigens unser Verfasser, wie wir bereits oben behaupteten, Stobbe's Geschichte der deutschen Rechtsquellen gar nicht gelesen hat, erhellt schon daraus, daß er gar nicht daran zweifelt, daß Brant der Verfasser des Klagspiegels sei, eine Annahme, die bereits von Senckenberg, der in seine Visiones p. 119 Brant „libri huius quasi patrinum" nannte, bestritten wurde und später von Anderen gründlich widerlegt ist. Es sei genügend, hier in Betreff der Schrift,

„Die hat gemustert Doctor Brandt
Und den Klagspiegel genannt,"

zu verweisen auf die Erörterungen von Abrian, „Der Richterliche Klagspiegel und Sebastian Brandt", in der Zeitschrift für Civilrecht und Proceß, N. F. I (1845) S. 425—438.

§. 72. Hier werden sechs, nach W. nicht selten ganz vergessene, processualistische Werke in Erinnerung gebracht, aber auf eine Weise, die viel zu wünschen übrig läßt.

1) Der „Proceß in bürgerlichen Sachen" in vielen Ausgaben des Sachsenspiegels, z. B. in der Straßburger vom Jahr 1521, und in der Zobelschen abgedruckt.

Viel Stoff zu Untersuchungen war hier vorhanden. Wann ist diese kleine Schrift abgefaßt, die, in sieben Abtheilungen zertheilt, vom Lehngericht, von der Acht, vom Proceß, vom Appelliren, von der Vollziehung des Urtheils, von Brüchen (Geldbußen) und Strafen handelt, und also nur theilweise zu unserer Materie gehört? Stobbe (II, 150) nimmt an, sie rühre aus der ersten Hälfte des sechszehnten Jahrhunderts her, weil in P. II ein Reichsgesetz von 1521 und gegen das Ende „die neulichsten Keisserrecht" angeführt werden. Sie muß jedoch älter sein und ist in verschiedenen Bearbeitungen vorhan=

ben, indem wirklich schon die Straßburger Ausgabe, die i. J. 1521 erschienen, diesen Anhang enthält. Auch für die Geschichte der unmittelbaren Anwendung der Carolina wäre solch eine Untersuchung nicht ganz ohne Interesse.

2) Jacob Kobel's Gerichtsordnung. Von ihm sagt W. allein Dieses, daß sein Name nicht Koebel ist, und daß er Stadtschreiber zu Oppenheim gewesen. Ersteres ist unrichtig, denn in den Quellen wird der Name auf beiderlei Weise geschrieben, und die Schreibweise Koebel mag selbst die gebräuchlichste und allein richtige gewesen sein. Denn so heißt er in dem Verzeichniß der Baccalaurei, die zwischen 1450 und 1500 diesen Grad an der Heidelberger Universität erworben haben, und auf der Grabschrift, von welcher sogleich die Rede sein wird. Die seine Arbeiten betreffenden Notizen sind aus Rudorff, Böcking und Wetzel, die unser Verfasser sonst so gerne zurechtweist. Man durfte erwarten, daß W. fleißig nachgesucht hätte, in welchem Verhältnisse Koebel zu den Rathsmännern Karl's V und des Römischen Königs Ferdinand gestanden. Materialien dafür hätte er im Ueberfluß finden können in dem Werkchen des Heidelberger Rectors J. H. Andreä De Oppenhemio celeberrimo quondam S. R. Imperii oppido, im Jahr 1779 erschienen. Und nun sein Werk. Der Titel wird von W. nicht vollständig angegeben, was nichts schaden würde, wenn er nur nicht die ausdrückliche Angabe des Jus utrumque für einen Zusatz hielte, den man Breunle, der den Leipziger Druck von 1529 veranstaltet hat, zu danken habe. Ueberdieß hätte bemerkt zu werden verdient:

a. Daß auf dem Titel der editio princeps von 1523 zwar „zu Oppenheim zusammengetragen und inn den Truck geben", aber nicht der Name des Verfassers vorkommt. Dieser ergibt sich aus der Dedication an den Magistrat der Stadt.

b. Daß das Buch auch erst im Jahr 1523 verfaßt ist, wie sich aus den Worten fol. 3: „biß Jares, als man zelt funffzehenhundert zwentzigk dry" ergibt.

c. Daß es im Jahr 1536 zu Basel nachgedruckt worden. In dieser Ausgabe findet sich auf dem Titel wirklich die Angabe „durch Herrn Jacob Koebel, weiland Stattschreiber zu Oppenheym zusammen gelegen und gezogen." Koebel starb am 31. Januar 1533, und die Grabschrift, vom berühmten Eobanus Hessus ihm gewidmet, ist in Büttinghausen's Beyträgen zur Pfälz. Geschichte, II, 206 zu lesen. Zweimal kommt darin der Name Jacobus Koebelius vollaus geschrieben vor, und daneben sein Wappen: ein Kobold.

4) M. Joh. Schüßler's „Processus Juris", wovon sich eine Handschrift in der Paulina zu Leipzig befindet. Der Verfasser sagt, dieser Schüßler sei wahrscheinlich ein Rechtsgelehrter zu Leipzig gewesen zu Anfang des sechszehnten Jahrhunderts. Die Handschrift habe ich nie gesehen und darf mir also über den größeren oder geringeren Grad der Wahrscheinlichkeit dieser Vermuthung kein Urtheil erlauben; jedoch kommt es mir vorläufig nicht unmöglich vor, daß dieser Johannes Schüßler kein anderer gewesen, als der berühmte Buchdrucker zu Augsburg, von welchem oben im §. 58 die Rede gewesen. Könnte das Werk wohl ein umgearbeiteter „Belial" sein?

5) Erneute und gepefferte Gerichtsordnung zu Nürnberg. 1549. 4. — Diese Angabe verstehe ich nicht, und gerade hier, wo es nothwendig gewesen wäre, seinen Gewährsmann zu nennen, verschweigt ihn W. Es ist bekannt, daß der Nürnberger Rath im Jahr 1544 das Stadtrecht dem Claude Chansonette zugesandt hat, um sein Urtheil darüber zu vernehmen, daß dieser seine Anmerkungen im Jahr 1546 mitgetheilt hat, und daß erst im Jahr 1564 die „Verneute Reformation" herausgekommen ist. Die Literatur über die Geschichte des Nürnberger Prozeßrechts ist so reichhaltig, und die Ermittelung der Thatsachen so leicht, daß hier jeder Nachweis überflüssig scheint.

6) Prozeß=Ordnung ... des Heil. Röm. Reichs=Hoffgerichts zu Rotweil, Frf. a. M., 1551 (1535?) Fol.

Meynz, 1573, Fol. — Als ob die alte Hofgerichtsordnung in Geltung geblieben wäre! Schon der Titel der Mainzer Ausgabe von 1573: „Erneuerte Ordnung" hätte W. auf den Gedanken führen sollen, daß er hier zwei verschiedene Rechtsbücher mit einander verwirre. Das neue Gesetz ist vom Jahr 1572, und dieses ist es, zu welchem **Paul Matthaeus Wehner** seine Anmerkungen herausgegeben hat. Der Verfasser hätte noch ein Paar andere Ausgaben erwähnt finden können bei Stobbe II, 265. Aber insbesondere wäre hier zu untersuchen gewesen, auf welche Weise diese Proceßordnungen zu Stande gebracht worden sind, worüber die Reichsabschiede von Regensburg 1532 und von Speier 1570 Licht verbreiten. Ungeachtet der nicht sehr fließenden Methode in der Behandlung des Gegenstandes, verdient doch die Dissertation des Kieler Professors Erich Mauritius „De Judicio Rotwilensi" noch immer dabei zu Rathe gezogen zu werden.

§. 73. **Henning Goden** — „nicht Göden, wie er bisher mit Ausnahme von Schletter und Wetzell übereinstimmend genannt worden ist". Das ist unrichtig, denn schon Nettelbladt hat in seinen „Beiträgen", II, 73. die Schreibweise „Goden" vertheidigt, und überdieß ist auch die andere in gleichzeitigen Quellen so oft angewandt (auch Wimpina nennt ihn Henningus Goede), daß beide Schreibweisen vollkommen gerechtfertigt scheinen. Wimpina war ja sein Zeitgenosse und sagt von ihm, daß er die erst vor Kurzem gestiftete Wittenberger Universität „legendo, docendo atque scribendo, cum ingenti auditorum proventu illustravit, et hodie eximiis adhuc suis lucubrationibus consiliisque collustrare et decorare non cessat."

Und nun sein Werk. — W. nennt von seiner „Ordinis Judiciarii Processus" drei Ausgaben, eine ohne Ort und Jahr auf der Bibliothek zu Göttingen vorhanden; die zweite ohne Ortsangabe im Jahr 1538 erschienen, und die dritte zu Köln im Jahr 1552 herausgekommen. Ueberdieß — sagt er — werben noch einige andere Ausgaben erwähnt, z. B. eine Wittenberger v. J. 1538 von Bethmann-Hollweg, Ruborff, Heffter, Schletter, Wetzell und Andern. Daß hier die Angabe fehlerhaft ist, bedarf keines Beweises. Denn die soeben genannten Schriftsteller behaupten nicht, daß es „außerdem" noch eine Wittenberger Ausgabe des Prozeßes gebe, sondern sie sind bloß der Meinung, die bereits erwähnte Ausgabe Nr. 2 sei wirklich zu Wittenberg erschienen.

Von den consilia von Goben, von Melchior Kling herausgegeben, spricht W. kein Wort, obgleich darunter eine ganze Pars vorkommt de citatione, de libelli oblatione, de litis contestatione, de probationibus, de testibus, de juramento, de sententia, de appellationibus, de supplicationibus.

§. 74. Georg von Rotschitz. Erst von Stobbe (II, 179 ff.) wurde genau untersucht, was in dem hier erwähnten Werke dem genannten Sammler selbst zugeschrieben werden muß.

§. 75. Chilian Goldtstein. Walther's Worte: „Professor beider Rechte, Senior und Syndicus zu Halle a. S." könnten uns zu dem Irrthum verleiten, als wäre Goldtstein Professor der beiden Rechte zu Halle gewesen, anderthalb Jahrhunderte vor der Stiftung der dortigen Universität! In Wittenberg lehrte er, ehe er sich als Syndicus nach Halle begab. Niemand hat bis jetzt die beste Quelle zu seiner Biographie, nämlich einen Briefwechsel mit Melanthon, benützt. Selbst Carmina, von ihm verfaßt, finden wir im Corpus Reformatorum mitgetheilt. —

Ist das „Enchiridion processus judiciarii" (1568) noch bei seinen Lebzeiten herausgegeben worden? W. scheint das in Abrede zu stellen, indem er sagt, er habe in der ersten Hälfte des sechzehnten Jahrhunderts gelebt.

§. 76. Bernhard Wurmser von Schafftalsheim und Hartmann von Eppingen. Nach W. schrieben sie „vereint" die Practicarum Observationum Libri II. Solch ein gemeinschaftliches Werk ist niemals von beiden Männern unternommen worden. Aber lange nach dem Tode des Heidelberger Professors Hartmannus Hartmanni ab Eppingen († 1547) beschloß sein Sohn, Mitglied des Reichskammergerichts, die beiden im Manuscript zu seiner Verfügung stehenden Sammlungen in Einem Bande herausgegeben. Wund, dessen Programme kostbare Urkunden zur Historia Literaria Juris sind, sagt ausdrücklich: „Notandum est Observationes Hartmanni Senioris peculiarem et diversum a Wurmseri observationibus titulum habere". Die editio princeps ist denn auch nicht i. J. 1579, sondern bereits i. J. 1570 herausgekommen.

§. 77. **Ulricus Fabricius**. Ich zweifle daran, ob W. das Büchlein, dessen er hier erwähnt, genau angesehen habe, sonst würde er theils etwas mehr über das Leben des Autors gesagt haben — er ist als Gesandter nach Spanien an Karl's V. Hof geschickt worden und auf der Rückreise zu Genua im sieben und dreißigsten Jahre seines Lebens gestorben. — theils bemerkt haben, daß genanntes Büchlein nur ein Stück eines größeren Werkes ist, worin Gobler verschiedene Schriften zusammenfaßte und unter andern Apell's Dialogus Jsagogicus vorkommt. Vergl. Dobt, Bijdragen, VII, 193 ff.

§. 78. **Jacob Schenk**. Wenn wirklich seine „Gerichtsordnung" für das Hofgericht zu Speier bestimmt gewesen ist, dann hätte eine ausführlichere Behandlung derselben um so mehr auf unsere Erkenntlichkeit rechnen können, als die Hofgerichts-Verordnungen des sechszehnten Jahrhunderts weniger und nur in geringer Anzahl bekannt sind. Vornehmlich in Bezug auf Speier dürfte man wohl neugierig sein zu erfahren, in wie fern diese Proceßordnung sich an die Regeln des Reichskammergerichts angeschlossen habe.

§. 79. **Robertus Maranta**. Der Bearbeiter seines „Tractatus de ordine judiciorum" heißt hier: „Petrus Follerius A. S. Severino". Man lese: a Sancto Severino; er war aus San Severino gebürtig. Der Verfasser selbst hat ihn nicht bekannt gemacht. Marcus Mantua bezeugt: Speculum Advocatorum Pomponius ejus filius discipulus meus elegantissimus in lucem dedit, me impulsore, ob memoriam tanti viri, longo intervallo post ipsius auctoris mortem.

§. 80. **Joannes Franciscus a Ripa.** Es war nicht nöthig, hier über seinen „Tractatus de peste" zu reden, aber bestimmt hätte man ein Wort erwarten dürfen über seine „non pauca Responsa", die er hinterlassen hat. Pancirolus, II, 242.

§. 81. **Ubalricus Zasius.** Es versteht sich von selbst, daß hier auf das vortreffliche Werk von Stintzing verwiesen wird, aber es ist unerklärlich, daß es auf keinerlei Art benützt worden ist. Walther erwähnt:

1) In tit. I. de actionibus enarratio. Die editio princeps (1536) von Stintzing, S. 351, beschrieben, wird hier gar nicht genannt; auch wird nicht gesagt, daß Nicolaus Fry oder Freigius der Herausgeber gewesen.

2) Practica Juris Germanici, Basel, 1574. Fol. Ein derartiges Werk existirt nicht. Aber i. J. 1538 gab Hieronymus Artolph einige Responsa seu Consilia von Zasius zu Basel heraus, welchen im Jahr darauf eine zweite Sammlung folgte. Von diesen Sammlungen muß eine Deutsche Uebersetzung (deren jedoch Stintzing nicht erwähnt) i. J. 1574 zu Basel erschienen sein; wenigstens hat sich Riegger von dem bekannten Koch versichern lassen, die Uebersetzung finde sich in der Bibliothek der Straßburger Universität. Vergl. Riegger, Vita Zasii, S. 175, not. d. Eine andere Vermuthung äußert Jugler, Beiträge zur Jurist. Biogr., III, 251.

War wohl ein Grund vorhanden zu sagen: „Wenn ihn die Neueren bisher nicht unter den Processualisten aufführten, so geschah dieß, einem so berühmten Namen gegenüber, gewiß um so größerem Unrechte?" Nur die Consilia, deren W. gar nicht erwähnt, konnten Veranlassung dazu geben. Man weiß, daß Zasius i. J. 1532 es seinen Studenten abgeschlagen hat, über den Titel der Institutionen de Actionibus Vorlesungen zu halten, weil er sich dadurch einen Uebergriff in das Fach seiner Collegen zu erlauben meinte. Ein im folgenden Jahre wiederholtes Ansuchen, mit einem Geschenk an Fisch begleitet, hatte denselben Erfolg, oder wurde wenigstens mit Stillschweigen beantwortet. Zuletzt jedoch wurde unter veränderter Form dem allgemeinen Verlangen Gehör gegeben und so ist obiges Werk entstanden. Vergl. Riegger, p. 45; Stintzing, S. 285.

§. 82. Johann Forster. Die Polemik, welche Walther hier gegen Danz und Böcking führt, ist vielleicht stichhaltig. Indessen weiß ich nicht, was ich von dem „Processus Judiciarius cameralis" denken soll, wovon eine mit der Jahreszahl 1606 versehene Ausgabe wirklich unserem Verfasser zu Gesicht gekommen ist. Pütter nämlich behauptet in seiner „Literatur des deutschen Staatsrechtes" III, 400, daß dieses Forster'sche Buch nichts anderes sei als Frid. Fabracii Corpus Juris Cameralis, 1613 zu Frankfurt erschienen, dem der Verleger „wegen fehlgeschlagenen Abganges" einen andern Titel vorgesetzt habe. Vielleicht ist das Gegentheil wahr, indem der Inhalt ein Leitfaden zum Proceßrecht, nicht aber eine Sammlung von Verordnungen für das Reichskammergericht ist. Um in dieser Sache zu entscheiden, muß man Zwierlein's Vorrede zu Ludolf's Werk „de Jure camerali" zu Rathe ziehen können und die von ihm angeführten Gründe prüfen.

§. 83. Chilian König. Dieser König unter den sächsischen Processualisten verdient besonders unsere Aufmerksamkeit. Die editio princeps seiner „Practica und Proceß Gerichtleuffte" ist ohne Zweifel der Leipziger Foliodruck von 1541. Ihr folgte die Folioausgabe von 1550, die Malblanc für die erste hielt. Der Titel enthält den Zusatz: „Itzund neu mit vil schönen Additionen erclert." Die dritte ist die, welche bei Nicolaus Wolrab zu Bautzen, 1555, in Quarto er-

schienen ist; sie ist keine „bisher unerwähnte Ausgabe", wie
W. sagt, denn schon Wächter hat im Archiv des Criminal=
rechts, (1836, S. 141) darauf aufmerksam gemacht. In meinem
eigenen Exemplar lese ich in der Vorrede, daß man wegen des
großen Nutzens dieses Werk „zum dritten Mal" habe drucken
lassen. Von den späteren Ausgaben will ich absehen, sie mögen
von bibliographischem Interesse sein, aber der Jurist hat zu
seiner Untersuchung nur die drei ersten nöthig. Worin besteht
der Unterschied dieser drei Ausgaben? Diese Frage, von
Wächter, in sofern es das Strafrecht betrifft, so ausführlich
beantwortet, ist W. nicht einmal eingefallen. Und doch kommt
es hier hauptsächlich darauf an, zu wissen, was in dem Buche
von König selbst herrührt und was spätere Bearbeiter hin=
zugesetzt haben.

Eine andere Frage ist diese: Wann ist König gestorben?
Warum diese Frage so wichtig ist, hätte W. leicht ermessen
können. Man wünscht zu wissen, ob König das Werk des
Rotschitz gekannt habe oder nicht. „Bis zum Erscheinen der
ersten Ausgabe von Wetzell's System — sagt Walther —
nahm man allgemein an, daß König im Jahr 1540 ge=
storben sei; erst in der zweiten Ausgabe verlegte Wetzell das
Todesjahr auf 1526 — eine Annahme, die ich indeß zur Zeit
noch bezweifle!" Es ist mir unerklärlich, warum der Ver=
fasser gar keine Gründe für seine Meinung anführt, ja selbst
die Hinweisungen von Muther in seiner Gewissensvertretung,
S. 49, aus echten Quellen gegeben, unerwähnt läßt.

Ebenso mangelhaft ist das, was W. von Königs älte=
stem Commentator Joachim Gregor von Pritzen sagt.
Es war gewiß auffallend, daß Wetzell in seiner ersten Ausgabe
ihn von Fritzen nannte, aber seitdem er den Fehler in der
folgenden verbessert hat, hätte man doch bei Walther lieber
etwas Anderes gefunden, als bloß den Tadel von fünf Schrift=
stellern, die den Namen nicht ganz genau geschrieben haben.
Auch hier hätten Wächter und Muther bei der Untersuchung
vorleuchten können. Vergl. S. 174.

§. 84. Conrad Mauser. Mit sichtlichem Wohlgefallen spricht W. hier von zwei Namen „bei denen sehr tüchtigen Rechtsgelehrten Arges passirt ist". Boecking nämlich erwähnt zwei Juristen Maurer und Mauser, und Ruborff nennt das siebenzehnte, statt des sechszehnten Jahrhunderts. Aber jeder der sich ex professo mit literarischen Forschungen abgegeben hat, wußte ebenso gut als unser Verfasser, daß in einigen Lehrbüchern sich ein kleiner Irrthum eingeschlichen hatte, und daß Conrabus Musurus bald Maurer, bald Mauser genannt worden und das „Phantom", wovon er spricht, verschwindet jedem, der gut zusieht. Vielmehr darf man sich verwundern, daß W. nicht untersucht hat, ob Mauser wirklich Professor der Rechte zu Wittenberg gewesen, da weder in der Series JCtor. Wittebergensium, noch im Programma funebre etwas vorkommt, das für die Angabe spricht, und im Gegentheil Einige der Meinung sind, er habe bloß Unterricht in Sprachen gegeben. Hier wäre eine Fortsetzung der Forschungen von Schwarz, in seinem vierten Programm „de bene meritis Norimbergensibus" nicht übel angebracht gewesen. Was nun das Werk von Mauser betrifft, so ist sein „Processus Juris" ein Dictat, i. J. 1540 abgefaßt und i. J. 1569 von seinem Sohne zu Wittenberg veröffentlicht. Dies hatte bereits Nopitsch in seiner Fortsetzung zu Will's Lexicon kurz, aber deutlich nachgewiesen. Indessen bleibt es zweifelhaft, wann die deutschen Ausgaben von Mauser's Werk erschienen sind, indem nämlich ein (bei W. nicht genannter) „Proceß der Churfürstl. Sächsischen Hofgerichte" (Jen. 1610, 4.) von Einigen für ein vom „Geistlichen Proceß" (Jen. 1607. 4.) verschiedenes Werk angesehen wird. Existirt noch ein „Processus minor" in Handschriften? Ein Werk mit diesem Titel befand sich in der Bibliothek von J. P. von Ludwig.

§. 85. Ist das hier genannte „Formular" wohl etwas Anderes als das Werk, das Mauritz Breunle (§. 72.) aus dem Kobel'schen Buche entlehnt hat? Sein „Leipziger

Formular und Cantzeley-Büchlein", welches dasselbe Datum führt, erwähnt Stobbe II, 164.

§. 87. **Andreas Perneder.** In den Worten unseres Verfassers: „Rath und Secretär zu München — nicht Hofrath: Rudorff — † zwischen 1541 und 1544" liegt

1) ein Tadel des Berliner Juristen, der ungeziemend ist, weil Perneder in der Ausgabe seines Werkes v. J. 1544 auf dem Titel „des Fürstlichen Hofs zu München Rath" genannt wird;

2) eine Bestätigung der Meinung, daß die editio princeps von Perneder's „Gerichtlichem Proceß" noch bei seinen Lebzeiten i. J. 1541 erschienen sei; denn die Existenz solch einer Ausgabe wird von W. ausdrücklich angenommen. Ich bezweifle es, so lange mir nicht bestimmt die Bibliothek genannt wird, in welcher diese Ausgabe zu finden ist. Waechter, der sich die große Mühe nicht verdrießen ließ, Alles aufzuspüren, was Perneders Schriften betrifft, von dessen Arbeit W. aber gar keine Notiz genommen, versichert, Perneder habe viele Werke handschriftlich hinterlassen, die zum ersten Male von dem Ingolstädter Professor Wolfgang Hunger i. J. 1544 herausgegeben worden seien. Arch. d. Crim. R. 1836, 121. In seinem „Gemeinen Recht" (1844, 76.) kommt er darauf zurück und erklärt ausdrücklich: „Die literarischen Arbeiten Perneder's, welcher Secretär zu München war, wurden erst nach seinem Tode herausgegeben (zuerst 1544). Er starb um das Jahr 1540." Erwägt man nun, was Birnbaum in Beziehung auf die in Perneders Werken gemachten Abänderungen bemerkt hat (Arch. d. Cr. R. 1835, 130), so darf man Walther dringend ersuchen, den Beweis dafür zu liefern, daß wirklich von Perneder's „Gerichtlichem Proceß" eine Ausgabe vom Jahr 1541 bestehe. Siehe ferner Stobbe II, 173 ff.

§. 89. **Willem Haneton.** Die wenigen Worte, welche W. auf diesen Schriftsteller verwendet, nämlich: „Rathsherr zu Dornick, dann Oberregent zu Deventer und endlich Rath von Brabant" enthalten zwei falsche Angaben, indem Haneton nie Mitglied der Regierung zu Deventer gewesen, wo er ja gar nicht gewohnt hat, und ebensowenig die Würde eines Rathsherrn am Hofe von Brabant bekleidet hat. Von seinem Buche „de ordine et forma judiciorum" werden hier drei Ausgaben genannt, zu Frankfurt 1543, zu Köln 1584 und zu Speier 1591 erschienen. Die einzig ächte aber, vom Verfasser selbst veranstaltete Ausgabe, zu Dornik i. J. 1570 erschienen, wird hier übersehen. Haneton besaß gar keine Kunde von der Herausgabe der Vorlesungen, die er zu Löwen über Rechtsforderung gehalten, und als er die Egenolfsche Ausgabe in Händen hatte, beschloß er selbst von seinem Werke einen correcteren Druck zu veranstalten. Die Leidner Universitäts-Bibliothek besitzt von dieser „Causidicina" noch eine Commeliana v. J. 1607, von Bernardus Albanus herausgegeben.

§. 90. Joseph Antoine Le Masurier. Siehe oben §. 25. Einer unserer Landsleute hat ihn, allein um seines Namens willen, mit Masurius Sabinus verglichen!

§. 91. Ludovicus Gomezius. Hier bemerkt man am deutlichsten den Mangel eines festen Planes in der Anlage des Walther'schen Werkes. Wenn ja alle Autoren über den Institutionentitel de actionibus zu den Proceßualisten gezählt werden müssen, warum wird dann nicht einem jeden der Juristen, deren Werke im „Tractatus de actionibus, Lugd. apud Juntam 1568" vorkommen, die ihnen zukommende Stelle angewiesen? Wenn die Sammler von Decisiones in einem Werke, wie das hier behandelte, nicht fehlen dürfen, warum wird dann auch der Decisiones Rotae Romanae, von Gomezius in zwei Büchern gesammelt, nicht erwähnt? Was hat der Leser hier an dem bloßen Verzeichniß der Namen eines Petrus Plateanus, Antonius Usyllus, Jo. Cruceus, Jo. Corasius, Franc. Hotomannus, Corn. Benincasa

Benincasius, Comes Latranus, Lub. Maynus Druiba?

§. 92. Jean Foucher. „Von Jo. Fucherius — sagt W. — „den nur Boecking unter den französ. Proceßualisten mit den kurzen Worten: „„Jo. Fucherius, Par. 1549"" aufführt, habe ich sonst nichts entdecken können." Das Citat bezieht sich auf sein Werk „de Judice Ecclesiastico". Der Verfasser war jedoch kein Jurist, sondern ein Missionär, von dem Orden der Dominicaner, der sich vierzig Jahre in Mexico aufgehalten hat. Als Criminalist hat er sich bekannt gemacht durch seine Schrift „De justa delinquentium punitione." Seine Werke werden sehr selten in europäischen Bibliotheken angetroffen. Vergl. Torquemada, Monarquia Jndiana, III, 311.

§. 93. Antonius Massa Gallesus. Wenn die Werke „De restitutione in integrum" hier an ihrem Plate sind, so hätte W. außer Galesius und Obbus (§. 164.) auch die übrigen aufführen sollen, deren Schriften über diesen Gegenstand im „Variorum JCtorum Tractatus de restitutione in integrum" (Frf. 1584, IV Vol. Fol.) gesammelt sind.

§. 94. Andreas Alciatus. Hier haben wir es mit zwei Schriften zu thun, mit dem „Judiciarii Processus compendium" und mit dem „Tractatus de praesumtionibus". Was erstere betrifft, so gibt W. zu verstehen, daß ihre Aechtheit bezweifelt wird. Kann man in einem Buche über die Literatur des Proceßrechts mit einer so oberflächlichen Angabe ausreichen? Alciatus selbst sagt in der Dedicatio vor seinem Werke de rebus creditis (1535), daß Buchhändlerspeculationen seinen Namen auf eine unverschämte Weise mißbraucht hätten." Superiori anno Speculatores Epitomen ab aliquo studioso in usum suum confectam, addito titulo ceu Alciati Practicam, ediderunt. Atque ejusmodi librum me compositurum nec somniavi unquam: possuntque qui nasum habent, a phrasi ipsa diiudicare, an meus ille sit libellus." Bereits Jugler hatte das bemerkt.

Für die Aechtheit des Werkes de praesumtionibus will W. nicht haften. Ich will es ihm gerne glauben! Es wurde von Jean Niclas von Arles (hier fälschlich Nicol. Arelatanus genannt) aus Dictaten des Alciatus zusammengestoppelt. Die Vorrede ist vom Jahr 1537; wahrscheinlich existirt davon also noch eine andere Ausgabe als die Juntina von 1551.

§. 95. Hieronymus Schurff. Selbst das Werkchen von Muther „Der Reformationsjurist Dr. 'Hieronymus Schürpf" (Erl. 1858) wird hier nicht genannt. Hätte W. es gekannt, dann würde er gemerkt haben, daß seine Bemerkung „nicht Schurpf" gegen Melanchthon selbst gerichtet ist. Auf dem Titel der editio princeps seiner Consilia und in der Dedication des Werkes an Johann von Doltzick nennt er sich Hieronymus Schiurpff. Das Buch selbst (Centuria I) wurde im März 1545 von Christ. Egenolph zu Frankfurt herausgegeben. Aber Schurff besorgte die Ausgabe nicht selbst; er überließ das Geschäft seinem Schwiegersohne, Dr. Laurentius Czoch.

§. 96. Marianus Socinus. Dieser kommt hier vor, nicht wegen der cautela Socini, sondern wegen seiner drei Werke de judiciis, de testibus, de litis contestatione. Man hätte hier wohl einige Auskunft darüber erwarten dürfen, warum letztgenanntes Werk, „in tit. X de litis contestatione" dem jüngern Socinus zugeschrieben werden müsse, insbesondere weil die Nachforschungen Savigny's (Gesch. d. R. R. VI, 354) über diesen Punkt gar nicht befriedigen. Von seinen Consilia wird hier kein Wort gesprochen.

§. 97. Petrus Rebuffus. W. sagt, er sei Professor des kanonischen Rechts zu Montpellier, Bourges und Paris gewesen. Warnkoenig dagegen (Französische R. G. VI, 117) versetzt sein zweites Professorat nach Poitiers, wofür aber wahrscheinlich Cahors zu lesen ist. Von seinen Schriften, die sich durch fade Witze kennzeichnen, werden hier zwei angeführt, die „Consilia" und die „Practica". Unser Verfasser erklärt jedoch im Augenblick noch außer Stande zu sein, etwas Näheres darüber mitzutheilen. Was er die „Practica" nennt, ist wahrscheinlich die „Praxis beneficiorum", i. J. 1553 zu Lyon herausgegeben. Aber zu der proceßualistischen Literatur gehört das kleine Werkchen „de supplicationibus seu errorum propositionibus", von welchem eine Ausgabe zu Speier (typis Bernardi Albini) i. J. 1587, 8º, erschienen ist.

§. 98. **Joannes Ferrarius.** Es ist vollkommen wahr, daß das „Enchiridion de judiciorum praeexercitamentis" nicht unter dem Titel „Progymnasmata forensia" herausgegeben worden; aber thöricht ist, was W. sagt: „Den von Lipenius eingeschmuggelten, auch von Hesfter und Ruborff adoptirten Titel: Progymnasmata forensia führt dieses Werk nicht." Ehe er anders tabelte, hätte er untersuchen sollen, ob Ferrarius nicht zwei Werke geschrieben, wovon das eine diesen, das andere jenen Titel führe. Lipenius hat ganz Recht, wenn er von „Ferrarii Progymnasmata forensia sive processus judiciarii recepti l. V." spricht; denn unter diesem Collectiv-Titel vereinigte Hermann Bultejus einige Schriften des Ferrarius, die früher im „Oceanus Juris" erschienen waren. Es ist selbst wahrscheinlich, daß diese Titel von Ferrarius herrühren, denn Maittaire erwähnt in den „Annales typographici" einer Lyoner Ausgabe v. J. 1542. Nun sieht man auch, was die Angabe eines besondern Commentarius de appellationibus „in der Proceßliteratur bisher übersehen" bedeutet. Dieser ist ja in den drei ersten Büchern der Progymnasmata forensia enthalten, und darauf haben Hesfter und Ruborff mit Recht hingewiesen.

§. 99. **Antonio de Mattheis.** W. zufolge fehlt er bis jetzt in der Proceßliteratur ganz. Aber doch nicht bei Lipenius, der ihn s. v. Prorogata juris dictio anführt und von seinem Hauptwerke eine andere Ausgabe citirt, als die von W. zu München gefundene. Die weiteren Schriften, die er aus Joecher angibt, von welchen er aber keine Ausgaben kennt,

sind zusammen zu Frankfurt i. J. 1576 in einem Quartband
reschienen.

§. 100. Jo. Babtista Asinius. Wie aus §. 184 sich
ergibt, kennt W. den Thesaurus Juris executivi von Rutger
Rulant. In diesem Werke kommt der tractatus de exe-
cutionibus von Asinius vor. Was seine „Practica civilis"
betrifft, so hat W. sich die Gelegenheit entschlüpfen lassen, viele
grobe Nachlässigkeiten in andern Werken aufzudecken. Das
Werk heißt „Practica aurea seu Processus Judiciarius, hoc
est: Ad Statutum Florentinum de modo procedendi in civili-
bus interpretatio" und ist Cosmos de Medicis dedicirt.
Die Leidener Universitäts=Bibliothek besitzt eine von W. nicht
genannte Frankfurter Ausgabe v. J. 1580, von Sigism.
Feyerabend herausgegeben und gedruckt bei Mart. Lech=
ler. Da das Censur=Edict im November 1569 erlassen wor=
den, so ist für die Zeit, worin der Autor gelebt hat, (nach
Walther war er Professor zu Pisa von 1550—1560), ein neuer
Anhalt gewonnen. Auf dem Titel des pars secunda, der im
Jahr 1589 folgte, wird die ‚Judiciorum Praxis' „nunc primum
in lucem edita" genannt.

§. 102. Christoph Brechter. Aus Walthers Angabe
sollte man schließen, daß er i. J. 1562 als Professor zu Mar=
burg gestorben. Dies ist jedoch nicht der Fall, denn schon
zwei Jahre nach dem Antritt seines Professorats (1553) ver=
ließ er die Universität, schweifte umher und starb den 6. Mai
1562 zu Fulda. Von seinem „Compendium Processus Judiciarii" muß (nach Strieder) auch eine Kölner Ausgabe v.
J. 1599 existiren.

§. 103. Antonius Goveanus. Wörtlich steht hier:
„Sein Leben beschrieb Jac. van Vaassen, woraus Aubr.
Schott einen deutschen Auszug fertigte." Man bedenke, daß
Andreas Schottus, der erste Biograph des Goveanus, den
23. Jan. 1529 gestorben ist, und daß Jac. van Vaassen in
der Mitte des achtzehnten Jahrhunderts geblüht hat! Es ist

nöthig, die Leichtfertigkeit zu rügen, womit hier „auf Grundlage selbständiger Forschung" gearbeitet worden. Warum wird denn hier der Mann genannt, der auf einem ganz anderen Gebiete von Cujacius als „omnium interpretum summus" begrüßt wird? Nur darum, weil Martin und Boecking in ihren Einleitungen an ihm nicht stillschweigend vorbeigegangen sind. „Hat Goveanus" — fährt W. fort — „proceßualistische Werke geschrieben, so müssen sie sich finden in seinen mir nicht zugänglich gewesenen Opp. jurid. philolog. philosophica"*). Vielleicht haben die soeben genannten Schriftsteller sein Werk „de Jurisdictione" gemeint. Jedoch wenn das in den Kreis der proceßualistischen Literatur fällt, dann darf auch die Schrift des Schotten Eduard Henryson „pro Eguin. Barone adversus Goveanum de Jurisdictione" (Par. 1555, 8), nicht unerwähnt gelassen werden. Der Verfasser hätte aus den tüchtigen Forschungen Van Vaassen's bemerken können, daß Govean im Jahre 1545 zu Toulouse eine Commentatio ad L. 3 C. de Jurisdict. omn. Judic. herausgab, dem Jean Coras dedicirt, eine jetzt sehr selten vorkommende Ausgabe, später nur in die Neapolitanische und Rotterdammer Sammlungen der Opera aufgenommen. Hierauf folgten (1551) seine bekannten Bücher de Jurisdictione. Uebrigens ist auch die Ordnung der Universitäten, wo er lehrte, bei Walther unrichtig: 1545 Toulouse, 1549 Cahors, 1554 Valence, 1555 Grenoble, 1563 Turin.

Mehr als der Vater verdiente der Sohn, Manfredus Goveanus, († 1613) hier genannt zu sein, dessen Consilia sive Responsa auf die Nachwelt gekommen sind.

§. 105. Noe Meurer. Von diesem führt W. zwei Werke auf:

---

*) Wahrlich die Ausgabe ex Bibliotheca Ger. Meermanni ist in so vielen Exemplaren verbreitet, daß es nicht schwer gewesen wäre. dieselbe irgendwo zu benützen.

1) Die „Practica von des Keyserl. Cammergerichts-Ordnung und Proceß." Dazu hätte noch bemerkt werden sollen, daß der bekannte Verfasser der Joco-Seria, Ottho Melander zu Anfang des siebzehnten Jahrhunderts seine „Commentaria in Noae Meureri Processum Cameralem, cum adjectione multarum practicarum Observationum" (Muhlh. et Frf. 1601, Fol. 1612, Fol.) besonders herausgegeben hat. Erst später wurden beide Schriften in Einem Druck vereinigt.

2) Die „Liberey Keyserl. auch Teutscher Nation Landt- und Statt-Recht". Was enthält dieses Buch, das wenigstens einigermaßen eine Bekanntschaft mit der provinzialen und localen Gesetzgebung verräth? Bei Stobbe II, 177 finden wir die Antwort, während W. selbst nicht einmal untersucht, was auf dem Titel die merkwürdigen Worte „durch Noe Meurer verteutscht" bedeuten.

§. 106. Justinus Gobler. Alle fleißigen Untersuchungen seit dreißig Jahren von Dobt, Spangenberg, Waechter, Abegg und Muther in Bezug auf diesen Autor und seine Schriften, sind für W. insulae incognitae geblieben.

1) Gerichtlicher Proceß... in drei Theyl verfasset. Frf. a. M. bei Egenolff, im September 1536. Fol. — Woraus ergibt sich, daß Gobler der Verfasser dieser anonymen Schrift gewesen? In welchem Verhältniß steht sie zu andern früheren processualistischen Schriften? Bei W. finden wir keine Antwort auf diese Fragen, wohl aber eine offenbare Verwechselung dieses Buches mit einem andern von der nämlichen Hand „Gerichtlicher Proceß in zwei Theyl", zu Frankfurt im März 1549 bei demselben Verleger zuerst herausgegeben. Waechter hat gezeigt, daß, nachdem im vorigen Buche Brant so ziemlich wörtlich abgeschrieben worden, nun Perneder der Führer des gewandten Gobler geworden ist. Wie vieles wäre hier nicht durch Vergleichung der Ausgaben zu erörtern gewesen? Schon Muther hat auf die Veränderungen aufmerksam gemacht, welche

die späteren Ausgaben durch Weglassung des zweiten Theils und Hinzufügung eines neuen anderen Theils „auß etlichen der fürnembsten Processe" erlitten. Gewissensvertretung, 60. Zeitschr. für RG. IV. 442.

2) Der Rechten-Spiegel. Ausgezeichnete Männer haben sich mit minutiösen Nachforschungen hinsichtlich der verschiedenen Ausgaben dieses Buches so geflissentlich abgegeben, daß man es bewundern muß, hier wieder eine editio princeps v. J. 1538 zur Sprache gebracht zu sehen, als wenn Niemand jemals an der Existenz dieser Ausgabe gezweifelt hätte. Wenn W., der den Titel ausführlich angibt, hier als „selbstständiger Forscher" auftritt, warum sagt er denn nicht, wo er das Buch gefunden hat? Spangenberg lehrt uns (Neues Archiv des Criminalrechts, VII,443) daß die erste Ausgabe des Rechtsspiegels bestimmt i. J. 1552 erschienen sei; Abegg (Archiv. b. Criminalr., 1836, 7) beschränkt sich auf einzelne Bemerkungen, um nicht zu wiederholen, was schon von Spangenberg ausgemacht war, und Waechter, der erste, der die editio princeps aus eigener Anschauung kannte, vergleicht diese mit der späteren von 1564. In beiden kommt die Dedication an Karl V vor, mit dem Datum „Frankfurt uff Sontag Laetare 1550."

Natürlich darf man bei Walther keine Anzeige von einer Holländischen Uebersetzung dieses Rechtsspiegels erwarten; dennoch ist es bemerkenswerth, daß der eifrige Dobt, der im siebenten Theil der Zeitschrift der Professoren Den Tex und van Hall einen Aufsatz: „Bijdrage tot de letterkundige geschiedenis omtrent Justinus Gobler en zyne schriften" geliefert hat, vom Dasein einer Uebersetzung ins Holländische keine Kunde gehabt. Waechter dagegen machte seine Landsleute beinahe gleichzeitig darauf aufmerksam (Archiv. b. Kriminalr. 1834, 86).

Das Werk, wovon ich vor einigen Jahren das Glück hatte, mir ein Exemplar erwerben zu können, führt den Titel: „Den Spieghele der Rechte, uit den Natuerlycken, Bescrevenen,

Gheestelycken, Wereltlycken en anderen Rechte. Antw. bij S. Cock (1559), Fol."

§. 108. Johann Olbendorp. Von all dem was in unserem Jahrhundert zur Aufklärung des Lebens und der literarischen Thätigkeit dieses ausgezeichneten Mannes von Kaltenborn und Harber, von Kosegarten, Lisch und Krabbe geleistet worden, hat W. nicht die geringste Notiz genommen; mit einem „sein Leben beschrieb C. Ant. de Martini, Viennae 1759, 8" wird der Leser auf eine sehr unreine Quelle verwiesen. Die hier genannten Werke Olbendorp's sind:

1) „Actionum forensium progymnasmata".
2) „Progymnasmata ordinis judiciarii".

Worin besteht der Unterschied zwischen diesen beiden Schriften? Wie hangen sie mit andern Werken desselben Schriftsteller's zusammen? Im Jahr 1540 gab Olbendorp zu Köln in drei Octavtheilen ein (hier nicht genanntes) Werk heraus, betitelt: „Practica actionum forensium absolutissima, unde cognitio universi juris relucet: quid actor prosequi, quid reus excipere possit secundum aequitatem". Es war dem Könige Ferdinand dedicirt. Im J. 1543 erschien eine neue Ausgabe mit dem neuen, von Walther genannten, Titel. Dieselbe Dedication wurde darin, bloß mit Abänderung der Jahreszahl, wiederholt. Von den sieben classes, in welche das Werk vertheilt war, handelte die vierte „de actionibus ex contractibus et quasi ex contractibus"; von diesem Theil hatte Olbendorp inzwischen eine neue Ausgabe veranstaltet, mit dem Titel: „Actiones Juris, quae ex omnibus inter vivos commerciis ad dirimendas lites proponuntur" (Marp. 1541. 8). Im Jahre 1548 kam die sogenannte dritte Kammergerichtsordnung zu Stande. Dies veranlaßte Olbendorp, zu seinem „Enchiridion exceptionum forensium" (bei W. nicht genannt), die „Progymnasmata fori nonnulla, solum ordinem judiciarium populariter explicantia, secundum constit. Caroli

V et Ferdinandi I Jmpp. in comitiis Augustanis a. 1548 editam", hinzuzufügen. Beide Schriften sind zuerst zu Marburg i. J. 1552 erschienen.

Bevor alle diese Werke herausgegeben waren, hatte Oldendorp schon i. J. 1539 zu Köln seine "Actionum Juris Civilis loci communes" bekannt gemacht. Sie wurden im folgenden Jahre auch unter seine "Variarum Lectionum libri" aufgenommen. Diesem Werkchen war vorausgegangen sein "Tractatus de formula investigandae actionis et de probationibus dictorum factorum apud judicem praestandis. Col. 1538, 8." In die "Variae Lectiones" wurden überdies (1540) noch seine "Tractationes de formula libelli per quem editur actio" und "de testibus" aufgenommen.

Eine umfassende Geschichte der wissenschaftlichen Leistungen Oldenborp's auf processualistischem Felde fehlt noch; sie kann nicht geschrieben werden, ohne daß der Verfasser zwei Werke, welche W. entgangen sind, dabei zu Rathe zieht, nämlich die von Oldenborp selbst zu Basel i. J. 1559 veranstaltete Ausgabe der "Opera" und die von Andreas Christoph Roesener i. J. 1692 zu Leipzig herausgegebene Sammlung seiner kleinen Schriften.

§. 109. Modestinus Pistor. Walther sagt, er sei, nach Jöcher und Boecking i. J. 1565, nach Martin i. J. 1568 gestorben. Die fehlerhafte Angabe des Letztern verdiente kaum der Erwähnung, da aus den Jnscriptiones Lipsienses von Stepner sich ergiebt, daß Pistoris (so nämlich muß der Name geschrieben werden) den 15. Sept. 1565 gestorben. Unter seinen Werken werden hier seine "Responsa Juris ex Bibliotheca Jo. Balth. Munsonii, quibus adjecta est Decas Notabilium Practicorum. Jen. 1659. 4." nicht aufgeführt.

§. 110. Johannes Richardus ab Oß, "sonst mir unbekannt und bisher in der Proceßliteratur übergangen." Aus Mederer's "Annales universitatis Jngolstadiensis" hätte der Verfasser lernen können, daß wir hier mit einem Niederländer zu thun haben, aus Oß herstammend und zu Herzogenbusch geboren, der als Professor an ebengenannter Universität sich durch eine Reihe von Werken, unter welchen sich eines „de remediis adversus iniquam judicis sententiam" befindet, einen Namen gemacht hat. Gewöhnlich heißt er Offanaeus; es ist derselbe, der im §. 134 unter dem Namen Offaneus vorkommt.

§. 111. Jacobus Omphalius. Warum hat sich der Verfasser, statt bei zwei Handbüchern, die zwar des Autors Namen, aber nicht die Ausgaben seiner Werke angeben, nicht bei dem unter den Vitae Jctorum von Melchior Abamus vorkommenden Lebensberichte Raths erholt? Es bleibt wahrlich von dem Zeugniß des Letztgenannten, daß dieser Stifter der Theorie der gerichtlichen Beredtsamkeit gestorben sei „fama nominis sui relicta sempiterna" wenig übrig! Die von W. angeführte Schrift „De Practica" findet man im Catalog seiner Schriften bei Abamus nicht genannt.

§. 113. Octavianus Vestrius. Weil die Kölner Ausgabe seiner „*Εἰςαγωγή* in Romanae Aulae actionem et judiciorum mores" i. J. 1574 erschienen ist, ist er hieher gesetzt. Aber das Werk war bereits i. J. 1547 zu Venedig erschienen. Vestrius hat es auf Ansuchen des Jacobus Pellaeus geschrieben, während er sich auf Reisen befand „nulla pene librorum copia".

Es ist eine interessante Schrift, theils wegen der genauen Beschreibung aller Staatsbeamten, die damals zu Rom mit richterlicher Gewalt bekleidet waren, theils auch wegen einiger nicht unbedeutender Beiträge, welche es zur Geschichte der damaligen Zeit liefert. Jedoch für „gemeines deutsches Recht" enthält sie nichts. Im Gegentheil verweist der Verfasser in Bezug auf die communia judicia ausdrücklich „ad libellos eruditissimi viri Guilielmi Durandi, qui speculatoris cognomentum sibi vindicavit: dicam igitur ea, quae duntaxat ad

Romanam praxim vel corpore ipso vel pro rei declaratione mihi visa fuerint pertinere. Reliqua suis scriptoribus relinquemus, ad quos semper poteris facilius advolare".

§. 114. **Dibacus Covarruvias.** Unser **Petrus Corn. Breberobe** wird hier, sowie auf S. VIII **Breberorbius** genannt. Zwischen den beiden Antwerpener Ausgaben ist der Unterschied, daß in der ersteren die Anmerkungen am Schlusse angehängt sind, während sie in der letzteren bei jeder betreffenden Stelle stehen. **Dibacus Ybañez de Faria** (nicht Jbanez) war ein Rechtsgelehrter aus Cadix, dessen „Covarruvias enucleatus et auctus" erst in Madrid im Jahr 1600, später zu Lyon im Jahr 1688 erschienen ist. Von diesem Werke nennt W. eine Kölner Ausgabe vom Jahr 1726; vielleicht meint er die editio quinta, zu „Colonia Allobrogum" (Genf) im Jahr 1728 erschienen.

§. 115. **Friedrich Schenck v. Tautenberg.** Von diesem Autor nennt W. zwei Schriften.

1) Die „Progymnasmata fori". Auch hier wird wieder die editio princeps nicht beschrieben, und nur mitgetheilt, daß Wetzell sie erwähnt hat. Sie erschien wirklich zu Schwäbisch-Hall i. J. 1537, in Folio. Angehängt ist das „Viridarium Conclusionum juridicarum". Die dem „Oceanus Juris" einverleibten Schriften von **Schenck** sind bloß Stücke, die aus diesen Progymnasmata entlehnt sind.

2) Die „Trias forensis, in qua de tribus fori personis, judice, actore et reo, disseritur" war von **Schenck** in seiner Jugend, bevor er nach Speier übersiedelte, verfaßt; das Büchlein ist zu Antwerpen i. J. 1528 erschienen.

§. 117. **Joost de Damhouder.** Hier wird die „Praxis rerum civilium" sehr oberflächlich behandelt; es wird sogar von einer französischen Uebersetzung, von **Damhouder** selbst verfertigt und i. J. 1572 zu Antwerpen herausgegeben, nicht gesprochen. Groß ist der Unterschied zwischen seiner Praxis criminalis und diesem späteren Werke, das er erst veröffentlichte, nachdem er sich ins Privatleben zurückgezogen hatte. Viel entlehnte er aus dem Werke seines Vorgängers im Amte, **Philipp Wielant**; er erklärt selbst, daß er das Buch zu Nutz und Frommen der Studenten der Jurisprudenz verfaßt habe. Auch hätte seine „Declamatio in processuum voracitatem" wohl eine besondere Erwähnung verdient. Die Monographie, worin der General=Procurator De Bavay i. J. 1852 ein Bild von Damhouders Leben und Schriften entwirft, blieb unserem Verfasser natürlich unbekannt.

§. 118. **Johann Fichard**. Wenn irgend einer verdient, ausführlich behandelt zu werden, dann wäre es gewiß dieser geistreiche, aber, wie Eichhorn ihn nennt, „steifrömische" Gelehrte gewesen. Jedenfalls hätte auf den processualistischen Theil der Frankfurter Reformation und auf die Solmsische Gerichtsordnung hingewiesen werden sollen. Statt dessen wird allein von seinen „Consilia" gesprochen und selbst die Geschichte von der Ausgabe dieser Sammlung wird übergangen. Nicht einmal die Hinweisung auf seine von **Petrejus Herbesianus** verfaßte Biographie ist genau, denn diese Schrift ist nicht zuerst in **Bubers** Sammlung aufgenommen „und dann auch den Consilia vorgedruckt" worden, sondern offenbar aus den Consilia in die Buber'sche Sammlung übergegangen, weßhalb denn auch im letzten Theil die Schwierigkeiten, womit man bei dieser Arbeit zu kämpfen gehabt, umständlich beschrieben werden.

§. 119. **Marcus Mantua Benavidius** „gehört ebenfalls seiner Consilia wegen zu den Processualisten". Aber wo diese Consilia herausgegeben worden, sagt der Verfasser nicht. Sie sind zu Venedig i. J. 1560 in zwei Folianten erschienen. Noch mehr aber als um dieser Consilia willen hätte dieser Rechtsgelehrte hier einen Platz verdient als Verfasser von zwei andern Werken:

1) „Veridica non minus quam utilia responsa ac defensiones nonnullae cum civiles tum criminales. Venet. 1543, Fol."

2) „Areopagita, seu de judiciis et ubi quisque agere vel conveniri debeat. Patav. 1567. 8."

§. 120. Reinhard Hamer. Sehr leicht hätte der Verfasser über diesen Gelehrten bedeutend mehr erfahren können, als die aus Senckenberg's Fortsetzung des Lipenius entlehnte, mangelhafte Angabe des Titels seines Werkes. Sein Leben (5. März 1541 bis 21. Juni 1623) hat Strieber mit musterhaftem Fleiße beschrieben. Daraus ersehen wir, daß Hamer Bürgermeister von Marburg gewesen, als er seine beiden Schriften, die „Progymnasmata et praexercitamenta juris atque fori" und „Methodus Juris facillima" herausgab. Beide erschienen zu gleicher Zeit (1584) und verfolgen einen ganz practisch=elementären Zweck. Hätte W. über den Umstand nachgedacht, daß die drei Autoren, die Progymnasmata fori geschrieben haben, alle Marburger gewesen, Hamer, Vigelius und Saur, wie viel Stoff zu vergleichender Untersuchung hätte sich ihm nicht dargeboten!

§. 121. Johannes Pels. Hier vermißt man wieder alle selbständige Forschung. Der Verfasser macht auf kleine Verstöße in der Orthographie der Namen bei Joecher, Danz, Schmid und Böcking aufmerksam, kommt aber nicht darauf, daß der Geburtsort seines Autors Recklinghausen in Westphalen ist. Es ist hier nicht am Orte, seine nicht uninteressanten Schicksale mitzutheilen. Der neugierige Leser kann manches Einzelne in den (unserem Verf. ganz unbekannten) Memoires von Paquot finden. Außer dem von W. genannten Processus Judiciarius schrieb er noch ein „Formularium Advocatorum et Procuratorum", das hinter dem Werke Christoph Winkler's „De jurisdictione Episcoporum Germaniae" zu finden ist.

§. 123. Michael Teuber, von welchem es hier heißt, er habe den Entwurf zu den kursächsischen Constitutionen vom Jahr 1572 gemacht. So viel ist gewiß, daß er einer der Mitarbeiter gewesen, und aus Schletter's bekanntem Werke wissen

wir jetzt, wie diese Constitutionen vorbereitet worden und Ge=
setzeskraft erlangt haben. Walther's jüngster Gewährsmann
datirt noch aus dem vorigen Jahrhundert, kein Wunder dar=
um, wenn von den Casus Teuberi ebensowenig gesprochen
wird, wie von den Casus Thomingi und Wesenbecii.

§. 126. Andreas Gaill. Mehr als die „Practicae
Observationes" haben seine (hier nicht genannten) „Tractatus
singulares de pignorationibus" und „de manuum injectio-
nibus, impedimentis, sive arrestis Imperii", die u. a. hinter
vielen Ausgaben des erstgenannten Werkes abgedruckt sind,
mit dem eigentlichen Proceßrechte zu schaffen. Was W. über
Gaill sagt, ist nur von bibliographischem Interesse. In der
Literaturgeschichte durfte gewiß sein Streit mit Mynsinger
nicht unberührt bleiben. Jedoch auch die Bibliographie for=
derte die Mittheilung, daß die Ausgabe von 1586 noch von
Gaill selbst veranstaltet worden und daß Gualterus Gym=
nicus zu Cöln zu der späteren, bei Antoneus Hieratus
erschienenen, Zusätze geliefert habe.

§. 127. Martinus Azpilcueta. Was hier von
seinen Consilia gesagt wird, „wohl auch enthalten in seinen
Opp., welche am vollständigsten Venet. 1602 in 3 tom. fol.
erschienen sind", ist gerade nicht der Fall. Es giebt allerdings
eine besondere Römische Ausgabe von 1602. Dagegen enthal=
ten die Opera einen (hier nicht genannten) Commentarius in
rubric. de Judiciis, welcher zu Lyon i. J. 1576 besonders er=
schienen ist.

§. 128. Matthäus Wesenbeck. Bei diesem verweist
W. auf Zeidler's „Vitae Professorum Juris, Altdorf Nr. 7";
er irrt sich aber, denn Zeidler beschreibt dort das Leben seines
Vetters Petrus Wesembectus. Das Werk, welches ihm
hier (wiewohl unverdienter Weise) einen Platz verschafft hat,
ist „Tractatus et Responsa, quae vulgo Consilia adpel-
lantur." Die Geschichte dieser Sammlung wird hier sehr

nachlässig abgehandelt. Den ersten Theil gab Wesenbeck selbst, aber wider Willen und bloß dem Andrang seiner Freunde gehorchend, zu Basel heraus und zwar i. J. 1575 (nicht 1577), hierauf auch den zweiten. Der Druck des dritten und vierten Theiles wurde später von einem Kandidaten der Rechte, Nicolaus Bulacher veranstaltet; blos den fünften und sechsten Theil besorgte der auch von W. genannte Christian Krembergk. Dagegen hat Jeremias Reusner erst später einen siebenten und einen achten Theil hinzugefügt.

§. 129. **Matthias Coler.** Hauptsächlich bekannt wegen seiner „nicht hieher gehörigen Practica universalis de processibus executivis." Meines Erachtens müßte dieses Werk hier bei Weitem mehr in Betracht kommen, als die Consilia oder die Decisiones Germaniae, Sammlungen, die erst nach Colers Tod herausgekommen sind. Die letztgenannten scheint W. nicht angesehen zu haben, sonst wäre hier gewiß bemerkt worden, daß derselbe Jacob Schultes, der so viele Werke früherer Autoren herausgegeben, sich auch dieser inedita angenommen habe.

§. 130. **Joachim Mynsinger.** Die zahlreichen Citate, welche diesem Namen angehängt sind, enthalten durchaus nichts Brauchbares; die reiche Literatur der Neuzeit ist hier (wie bereits bemerkt) ganz übersehen, und selbst die Schreiber'sche Monographie entging unserem Verfasser. Er erwähnt zweier Werke:

1) Die „Singulares Observationes Imperialis Camerae." Dazu ist hauptsächlich zu bemerken, daß Mynsinger von den vier ersten Centuriae zu Basel i. J. 1570 eine neue Ausgabe veranstaltete, „jam denuo renatae et a mendis propemodum innumeris, ut novum opus videri possit, repurgatae". Die Dedication an Kaiser Maximilian II. ist darum interessant, weil er darin die Namen derjenigen Männer nennt, die er sich bei der Sammlung zum Muster genommen, nämlich Ae-

gibius Bellemeba, Nicolaus Bonius, Antonius Capycius, Joannes Gallus, Guilielmus Cassabores, Thomas Grammaticus, Männer, deren Namen man bei M. vergebens sucht. Die fünfte Centuria wurde im J. 1576 hinzugefügt, die sechste i. J. 1584, nicht in Basel, sondern zu Helmstädt. Eine ganze Reihe von Ausgaben führt Du Roi an in Günther's und Hagemann's Archiv für die theoretische und practische Rechtsgelehrsamkeit, I, 112. Das Werk von Johann Dietrich von Gülich († 1696) von Walther erwähnt, heißt „Continuatio Mynsigero-Fabriciana seu Tractatus theoretico-practici pars secunda." Der Verfasser war Lehrer der Mathematik und der griechischen Sprache am Gymnasium zu Göttingen und verwendete seine Mußestunden auf diese entsetzliche Arbeit.

2) Die „Responsa sive Consilia Juris." Hier wird allein eine Baseler Ausgabe v. J. 1576 genannt. Indessen verdient bemerkt zu werden, daß Mynsinger von seinen Gutachten zuerst sechs Decaden i. J. 1573 herausgegeben, dann eine vollständige Centuria in der so eben genannten Ausgabe, von welcher i. J. 1580 eine neue Auflage erschien. Nach Mynsinger's Tod hat Arnold be Reyger aus Mynsinger's hinterlassenen Papieren noch fünf Decaden hinzugefügt, und darum sind die Frankfurter Ausgaben von 1601 und 1613 vollständiger als die früheren.

§. 131. Josephus Mascardus. Die hier genannten Ausgaben seiner „Conclusiones omnium probationum" sind mit den Bemerkungen des Joannes Aloysius Ricci und des Bartholomäus Niger vermehrt. Von den früheren Turiner Ausgaben ist mir nur die vom J. 1624 bekannt.

§. 134. Johann Wolfgang Freymon. Siehe oben §. 110.

§. 135. Wörtlich lesen wir hier: „Ein ferner hieher gehöriges, nur bei Lipen erwähnt gefundenes Werk, über dessen

Verfasser ich nichts zu ermitteln vermochte, ist Poelmanni, Handbuch vor Gerichte, Viteb. 1592. 4." — Nach Allem, was in den letztverflossenen Jahren über Albert Pölmann und seine verschiedenen Werke von Schweikart, Nietsche, Ortloff und Stobbe geschrieben ist, darf es wohl für überflüssig erachtet werden, über die Art und Tendenz seines „Handbuches, darinnen in der Kürze zu befinden, was sich fast täglich bey Gericht zuträgt", wovon die editio princeps zu Magdeburg i. J. 1574 herausgekommen zu sein scheint, eine weitläufige Untersuchung anzustellen. Es kommt mir vor, als habe der Herausgeber, der bereits i. J. 1557 als Notar in einer Urkunde genannt wird und als Advocat zu Königsberg practizirte, unter obigem Titel nicht blos das Abcedarium, sondern auch das Magdeburger Recht verstanden, welchem (als zweiter Theil) zugleich ein eigener Titel vorgesetzt werde. Als nun später von beiden Theilen jeder besonders eingebunden wurde, hat man wahrscheinlich in einigen Exemplaren den Collectivtitel beibehalten und die besondern weggelassen, vielleicht auch aus Speculation, indem zu jener Zeit alles, was „umb des gemeinen Mannes willen" herausgegeben wurde, großen Absatz fand.

§. 137. Außer Hector Aemilius werden hier vierzehn Verfasser von „Tractatus de Testibus" genannt. Warum die Schriftsteller aus einem früheren Zeitraum, z. B. Albericus de Rosciate und Alfanus Tinbarus hier vorkommen und nicht im ersten Theile dieses Werkes, ist schwer zu begreifen. Unter andern kommt hier Nicolaus Eberharbi (nicht Everharbus) vor und bei dieser Gelegenheit wird auch seiner Consilia erwähnt. Diese Sammlung wurde zuerst von seinen beiden Söhnen zu Löwen i. J. 1554 veröffentlicht und i. J. 1577 von Jac. Melingravius mit Zusätzen vermehrt. Unser Geschichtschreiber Gelderns Arnold Slichtenhorst veranstaltete in Arnheim i. J. 1642 eine neue Ausgabe.

Warum ist hier von Jacobus Aegibius, zu dessen „Tractatus de testibus et eorum reprobatione" bereits Angelus de Perusio Zusätze geschrieben, unter den „in die zweite Hälfte des 16. Jahrhunderts gehörigen Werken die Rede?" Rührt das einzig und allein von der jenem Zeitraum eigenen Sucht her, alles auf dieselbe Materie sich Beziehende in Ein Volumen zusammenzudrängen, dann verdient Walther's Verfahren um so mehr unsern Tadel; denn die Aufgabe des Geschichtschreibers ist es ja gerade, solch ein aus verschiedenen Jahrhunderten zusammengestoppeltes Gemenge zu zerlegen und jeden Schriftsteller dem Zeitraum zurückzugeben, in welchem er gelebt und geschrieben hat.

Was geht uns hier das Werk des Hector Aemilius an, das nichts als eine Reihe loci communes enthält, in alphabetischer Ordnung, und das nicht weiter reicht, als bis zum Buchstaben B?

§. 138. Franciscus Mobius. Mit Recht bemerkt W., daß dieser Autor von Böcking irrigerweise unter den Schriftstellern über den Civilprozeß genannt wird. Offenbar hatte er das einzige practische Werk des Mobius, das ausschließlich mit dem Strafrecht in Beziehung steht, im Auge.

§. 139. Johann Helias Meichßner. Daß dieser zuerst Secretär beim Würtembergischen Hofgericht gewesen, scheint W. unbekannt geblieben zu sein. Stobbe II, 182 hat gleichfalls aufzuzeichnen versäumt, daß er später die angesehene Stelle eines Assessors beim Reichskammergericht bekleidet hat. Beider Angaben lassen sich unmöglich mit einander in Einklang bringen. Indem nämlich Walther das Jahr 1597 als sein Todesjahr annimmt, behauptet Stobbe, daß das „Hoch und gemeiner teutscher Nation Formular" erst nach seinem Tode und zwar i. J. 1562 zu Frankfurt erschienen sei. Beide gehen irre. Schon bei seinen Lebzeiten (1537) hat Meichßner das Werk herausgegeben und darin bloß den bürgerlichen Prozeß, nicht auch zugleich den Strafprozeß behandelt, mit Ausnahme einiger Punkte. Sehr genau hat dies Wächter dargethan, Gemeines Recht, S. 83, 84.

§. 140. Abraham Saur. Zweimal, sowohl hier als in §. 159 wird der Leser gewarnt, diesen Polygraphen nicht mit Conrad Gerhard Saur zu verwechseln, und doch scheint W. nicht zu ahnen, daß wir hier Vater und Sohn vor uns haben. Abraham selbst lehrt uns in seinem Diarium historicum, i. J. 1582 zu Frankfurt erschienen, daß ihm aus seiner Ehe mit Elisabeth, der Tochter des Professors Conrad Matthäus, den 9. Oct. 1572 ein Sohn geboren worden, der den Namen Conrad Gerhard erhalten habe. Zwei Werke von Saur sen. werden hier genannt.

1) Die Fasciculi judiciarii ordinis singularis, zu Frankfurt i. J. 1588 und 1598 herausgegeben, ein Werk, dessen Bedeutsamkeit jedem Leser des Stobbe'schen Werkes aus den zahlreichen daraus entlehnten Citaten ins Auge fällt.

2) Prozeß weltlichen bürgerlichen Rechtens. Fr. a. M. 1595. Sicherlich hat der Verfasser dieses Werk nicht aufgeschlagen, sonst müßte er augenblicklich entdeckt haben, daß es nicht von Saur selbst verfaßt, sondern eine vermehrte Ausgabe des Werkes von Friedrich Stumphart ist, von welchem bereits in §. 86 die Rede gewesen. Es erschien nicht i. J. 1595, sondern i. J. 1585 und wurde i. J. 1587 und 1595 blos aufs Neue aufgelegt.

Sonstige Werke von Saur erwähnt unser Verf. nicht, und wiewohl seine Lebensumstände ziemlich genau bekannt sind, meint er uns mit der kurzen Bemerkung abfertigen zu können: „muß 1598 noch gelebt haben, da er in diesem Jahre den Prozeß des Termineus verbessert herausgab." Jedoch auch dies ist nicht einmal richtig, denn Saur war bereits i. J. 1593 oder wenigstens bald darauf gestorben und daher besorgte i. J. 1597 sein mehr genannter Sohn die vierte Auflage von

Raguelli Politica Dei, wovon die erste vom Vater 1578 veranstaltet worden war. Auch wird hier gar nicht gesprochen von dem „Epistelbüchlein und Teutsch Rhetorik", das, dem Henricus Faber entlehnt, in kurzer Zeit sechs Auflagen erlebte. Nur die erste nennt Stobbe, II, 164 Wächter in seinem Gemeinen Recht, S. 84 nimmt an, Saur sei zwischen 1596 und 1598 gestorben und versichert, die siebente Ausgabe seines „Straffbuchs" sei i. J. 1596 noch bei seinen Lebzeiten erschienen.

§. 141. Johann Halbritter „aus Amberg" lies: aus Michelfeld im Ambergischen. Er ist 1560 geboren und starb 6. März 1627. Er steht hier nicht am rechten Ort, indem er verschiedenen Schriftstellern, die in einer früheren Periode geblüht, vorangesetzt ist.

§. 143. Johannes Monachus. Alle Anerkennung verdient die Entdeckung Walther's, daß diesem Rechtsgelehrten das „Defensorium Juris" irrigerweise zugeschrieben wird, denn die zwei (ihm unbekannten) Biographen des Monachus, Zeumer (in seinen Vitae Professorum Jenensium) und Will (in seinem sonst so exacten Nürnbergischen Gelehrten-Lexikon) begehen denselben Fehler. Aber seltsam lautet es, wenn er hier spricht von einem „Tractatus de jurisdictione, worüber ich sonst nichts fand." Hat doch derselbe Steinacker, der die Practica Judiciaria herausgegeben, (nach Zeumer) i. J. 1607 zu Magdeburg eine Ausgabe von dem Werke „De Jurisdictione" besorgt. Der Herausgeber war eine Zeit lang (1588—1590) außerordentlicher Professor der Rechte an derselben Universität gewesen, an welcher Monachus gelehrt hatte, und hatte sich nachher zu Magdeburg niedergelassen. Allgemein scheint man übersehen zu haben, daß der im siebzehnten Jahrhundert so hoch gefeierte Monachus bei seinen Lebzeiten nicht das Geringste herausgegeben hat, indem alle seine Werke lautere Dictate sind, die von seinen Schülern, und zwar nicht immer mit der geziemenden Sorgfalt veröffentlicht wurden.

§. 144. Johannes Gutiercz. Unter seinen prozeſ‍sualiſchen Werken wird hier der „Tractatus tripartitus de juramento confirmatorio circa contractus, ultimas voluntates, judicia", zu Frankfurt i. J. 1606 beſonders herausgegeben, nicht genannt.

§. 145. Cala (Marcellus). Von dieſem Neapolitaner nennt Walther, außer dem „Tractatus de modo articulandi et probandi" noch zwei Schriften, die er allein bei Joecher angeführt fand, nämlich eine „de privilegiis variandi et eligendi forum" und die andere „de ordine judiciorum." Die erstgenannte Abhandlung wurde zu Venedig i. J. 1597 herausgegeben und auch i. J. 1646 zu Frankfurt zum zweitenmale aufgelegt, wo ſie auch i. J. 1693 ihre dritte Auflage erlebte, und zwar in demſelben Bande, in welchem ſich auch der „Tractatus de modo articulandi" findet. Johann Heinrich von Bergen ſchrieb die Vorrede. Wie Walther dennoch zwar dieſe Ausgabe, aber nicht die andere in demſelben Bande befindliche Abhandlung kennen konnte, ist unerklärlich. Nach Jugler (I, 47) ist sie eigentlich zu Schneeberg gedruckt, aber wie so viele andere Bücher der damaligen Zeit in Frankfurt und Leipzig zu Markte gebracht.

§. 146. Sebastianus Vantius. Seinen „Tractatus de nullitatibus processuum et sententiarnm" ſchrieb er Rom i. J. 1550, wie ſich aus der Dedication an Fulvius Corneus, Bischof zu Perugia, ergibt. In der Vorrede ſagt er, er ſchreibe das Werkchen in den erſten Tagen nach dem Ableben des Paulus III, welches Ereigniß ihn in Stand geſetzt habe, über ſeine Zeit zu verfügen. Eine verbeſſerte Ausgabe erſchien zu Venedig i. J. 1573.

§. 147. Nicolaus Schardt. Genauere Nachrichten über dieſen preußiſchen Rechtsgelehrten, der ſeinen Titel „Geheimerath" mit silentiarius überſetzte, hätte der Verfaſſer bei

bei Schweikert finden können, in deſſen Abhandlung „Ueber die in Oſt= und Weſtpreußen geltenden Rechte", im 26. Theile der Jahrbücher von Kamß. Daraus lernen wir, daß Scharbt i. J. 1530 zu Königsberg geboren, i. J. 1566 zum Advokat=Fiscal ernannt worden und am 6. Juni 1597 mit Tod abgegangen iſt. Sein Sohn Gottfried (der nach des Vaters Tode den „Judiciarius Processus" zum Druck be= förderte), wurde i. J. 1610 Profeſſor der Rechte an der Uni= verſität ſeiner Vaterſtadt. Nachdem er ſich zu allerlei Ehren= ämtern und großem Anſehen aufgeſchwungen, wurde er aller ſeiner Würden entſetzt und endete ſein Leben in bitterer Ar= muth um das Jahr 1625. Vgl. Arnolbt, Hiſtorie der Kö= nigsberger Univerſität, II, 242, 251.

§. 148. Hier folgen einige Juriſten, deren Werke gegen das Ende des ſechzehnten Jahrhunderts erſchienen ſind. Daß ihre Reihenfolge willkührlich iſt, zeigt ſich darin, daß die mei= ſten der angeführten Ausgaben neue Anflagen älterer Schrif= ten ſind. Hätte W. ſich einige Mühe geben wollen, um es zu ermöglichen „genauere Perſonalnachrichten beizufügen und beſtimmte Ausgaben anzuführen", er würde ſich überzeugt haben, daß die meiſten dieſer Namen gar nicht hieher gehören. Er nennt:

Nr. 1. Conrabus Lagus. Dieſer iſt zu Kreuzburg in Heſſen geboren und im November 1546 zu Danzig ge= ſtorben. Rotermund gab einen Bericht über die „Lebens= umſtände des Conrad Lagus" in der Leipziger Literatur= zeitung v. 1808, Intell.=Bl. 664 ff., worin man lieſt, daß ſeine „Methodica Juris Utriusque traditio" ohne ſein Vorwiſſen zu Frankfurt i. J. 1543 herausgegeben worden. Der Verfaſſer ließ darum im J. 1544 zu Danzig eine „Protestatio adversus improbam suorum Commentariorum de doctrina Juris editionem, ab Egenolpho factam, ad Jo. Oporinnm" folgen. Indeſſen erregte das Werk Aufſehen und nach des Verfaſſers Tode wurde es mit Scholien von Gobler i. J. 1552 zu

Frankfurt zum zweiten Male herausgegeben. Das Compendium Juris civilis et Saxonici dieses Conradus Lagus wurde von demselben Joachim Gregorii herausgegeben, dessen Walther S. 83 Nr. 2 und S. 174 gedenket. Ausführliche Nachrichten über Lagus theilte neuerlich Muther mit, in Zeitschr. f. RG. IV. 422 flg.

Nr. 6. Masnardus. In dem Catalogus Autorum von Lange ist Masnardi Practica wahrscheinlich ein Druckfehler statt Masuerii Practica. Siehe S. 90. Dies ist jedoch eine bloße Vermuthung.

Nr. 9. Hieronymus Musconius. Mit Recht nennt ihn Joecher Muscornus. Sein „Tractatus de Jurisdictione et Imperio" (der eigentlich nichts enthält, was zum bürgerlichen Prozeß gehört) wurde zu Köln im J. 1596 aufs Neue aufgelegt. Das Büchlein enthält Vorträge, die er in die Academia Vigilantium gehalten.

Nr. 10. Jacobus Novellus. Wie dieser hier eine Stelle gefunden, muß jedem, der den vollständigen Titel seines Werkes liest oder vom Inhalt Kenntniß nimmt, räthselhaft erscheinen. Derselbe lautet: „Tractatus aureus, defensionem omnium reorum adversus quascumque accusationes et inquisitiones pro quibuscumque criminibus docens." Es wurde mit andern älteren Schriften über das Recht der Selbstvertheidigung zu Köln i. J. 1580 zum zweitenmal aufgelegt.

Nr. 11. Philippus Francus, besser: Philippus de Franchis. Sein „Tractatus de appellatione, nur bei Joecher erwähnt gefunden", erschien in der zweiten Hälfte des fünfzehnten Jahrhunderts (S. l. et a). Er wurde zu Siena i. J. 1488, zu Venedig i. J. 1496, zu Frankfurt i. J. 1576 wieder aufgelegt. Der eigentliche Titel ist: „Lectura super titulo De appellationibus et nullitatibus sententiarum." Aus Obigem ergibt sich, daß dieser Autor in die erste Periode zu setzen ist.

Nr. 12. **Fredericus Schenck.** Ziletti unterscheidet mit Unrecht zwei Schriftsteller dieses Namens. Der hier angeführte ist Niemand anders als der bekannte Herr von Tautenberg. Siehe oben §. 115.

Nr. 13. **Franciscus de Clapperiis de Voulvenarges.** Wenn Joecher ihn De Clapper nennt, so ist diese Angabe sehr unrichtig. François Clapiers de Vaulvenarges war im Jahre 1524 zu Caix geboren, wurde Mitglied der Rechnungs- und Finanzkammer in der Provence und ist i. J. 1585 gestorben. Die von ihm gesammelten Entscheidungen der genannten Kammer sind nach seinem Tode i. J. 1589 zu Lyon als Centuriae causarum herausgegeben worden.

Nr. 14. **Robertus Aurelius.** Wußte Walther auch über diesen berühmten Rechtsgelehrten keine „genaueren Personalnachrichten" einzuziehen? In seinem Register steht er unter dem Wort Aurelius; das hier angeführte Werk ist aber von dem berühmten Anne Robert von Orleans, Advokaten beim Parlament zu Paris, dem Sohne Jean Robert's, der zu Orleans mit Ruhm die Rechtswissenschaft docirte und besonders durch seinen Streit mit Cujacius bekannt geworden ist. Blos die Frankfurter Ausgabe seiner „Rerum judicatarum Curiae Parisiensis libri IV" werden hier genannt. Bayle citirt in seinem berüchtigten Artikel über diesen Gelehrten eine editio Genevensis von 1620.

Nr. 15. **Hieronymus Magonius, Leonardus de Vallaris und Josephus Ludovicus.** Wenn in einer literarischen Uebersicht der Deutschen Literatur des Prozeßrechts den „Decisiones rotarum Italicarum" ein Platz eingeräumt wird, warum werden dann nicht alle ähnliche Sammlungen aufgenommen? Auch hier eröffnete sich dem Forscher ein weites Feld der Untersuchung, denn in den Werken anderer Schriftsteller kommen so viele Irrthümer vor, daß es wohl einmal der Mühe werth wäre, diesen Augiasstall zu reinigen. So spricht 'z. B. Struvius von Josias Mastrillus,

Höpfner von Garcias Mastrillus. Ersterer sagt allein, daß er die „Decisiones Regni Castiliae" gesammelt habe, während letzterer nur von den „Decisiones curiae Siciliae" spricht. Garcias gab beide Werke heraus. So vermissen wir Petrus de Benintendis, der die „Decisiones" von Bologna gesammelt hat, Antonius Capycius Latro (Neapel), Franciscus Milanensis (Sicilien), Hieronymus Marlianus (Corsica), Octavianus Cacheranus (Piemont), Borginus Cavalcanus (Vigevano?) und viele Andere, deren Namen selbst in den gebräuchlichsten Handbüchern fehlerhaft geschrieben sind (z. B. Charturius statt Chartarius).

Nr. 16. Franciscus Marcus. Johanna Junta widmete i. J. 1579 die erste Ausgabe der „Decisiones aureae in sacro Delphinatus Senatum jam pridem discussae ac promulgatae" den Rathsherrn Jean Scarron. In die zweite (von Walther nicht erwähnte) Lyoner Ausgabe (1600) sind einige Zusätze aufgenommen, die den früheren fehlen. Warum aber erwähnen wir hier dieses Werk? Weil wir daraus die Rechtspflege in einem Theile Frankreichs kennen lernen können, und diese Kenntniß für das Studium des gemeinen deutschen Rechts in seiner Entwicklung nicht unfruchtbar ist? Gewiß könnten zu dem Ende in einer literarischen Uebersicht die Werke eines Jean Imbert und Pierre Lizet, welche großen Einfluß auf die Rechtspraxis späterer Jahrhunderte gehabt haben, unendlich mehr Anspruch auf eine ehrenvolle Erwähnung machen. Aber auch ohnebies war wohl ein Grund vorhanden, einen Gui Pape und einen Franciscus Marcus (beide aus Grenoble) zu nennen, wenn man ganz ähnliche Sammlungen aus andern Theilen Frankreichs mit Stillschweigen überging? Weber von Nicolaus Boerius (der sowohl als Verfasser von „Consilia" als auch als Herausgeber der „Decisiones Burdigalenses" ganz innerhalb der Grenzen des von Walther abgesteckten

Terrains zu stehen kommt), noch von Geralbus Maynarbus, dem Beneck neulich eine Ehrenfäule errichtet hat, noch von Anderen, deren Werke Bretonnier in seiner Uebersicht der französischen „arrêtistes" beschrieb, finden wir hier eine Silbe.

Nr. 19. Andreas ab Exea. Nach der von Berriat St. Prix im dritten Theil der „Memoires de la société des Antiquaires de France" mitgetheilten Lebensbeschreibung dieses Gelehrten, brauchte er wahrlich nicht wieder auf die Liste der Unbekannten gesetzt zu werden! Auch Spangenberg hatte in seiner Biographie des Cujacius bereits dieses Professors zu Valence erwähnt; Beweises genug, daß er und sein Werk de Jurisdictione hier ganz am unrechten Orte stehen.

§. 149. Nicolaus Vigelius. Weder der zweite Theil von Jugler's „Beiträgen", noch Strieber's fleißige Nachforschungen sind von W. benützt. Weshalb denn auch hier von einer chronologischen Folge der genannten das Procesrecht betreffenden Schrift keine Spur zu finden ist, und noch weit weniger von einer Untersuchung über den Unterschied zwischen der von Vigelius empfohlenen Methode, und derjenigen, womit sein Schüler Bultejus sich emporzuheben wußte. Die Schriften, welche wir hier im Auge haben, sind:

1) „Exceptionum forensium l. III." Basil. 1555, 8. Eine zweite Auflage (von W. nicht genannt) erschien ebendaselbst i. J. 1557.

2) „Practica Forensis", deren Titel vom Verfasser genau angegeben wird.

3) „De litis contestatione" — „Ausgaben mir unbekannt." Das Werkchen wurde von Vigelius als Anhang zu seiner „Dialectices Juris Civilis l. III." herausgegeben, und ist zu Basel zwischen 1573 und 1620 viermal gedruckt worden.

4) „Progymnasmata fori." Basil. 1573, 8. Ich wage

es nicht, diesem Werkchen sein Dasein streitig zu machen, vermuthe aber, daß es ein und dasselbe ist, wie

5) „Richterbüchlein". Bas. 1579. Frf. 1588. 8. Denn nachdem zu Rinteln i. J. 1625 eine neue (von W. nicht erwähnte) Ausgabe dieses Werkes erschienen war, wurde es von Bernard Melchior (nicht C. M.) Husanus i. J. 1635 mit vielen Casus vermehrt, auf's Neue unter dem Titel „Gerichtsbüchlein" herausgegeben. Nochmals wurden Zusätze eingeschaltet von Ernst Christoph Homberg, Secretär beim Naumburger Gericht, und diesen Text haben die Ausgaben von Arnstadt und Naumburg, von W. angedeutet, aber nicht genau beschrieben. Eine dritte Umarbeitung erfuhr das Werkchen von der Hand des (W. unbekannten) Naumburger Stadtsecretärs Johann Wilhelm Struve (1686), und endlich die vierte von Dietrich Gotthard Eckarth, der die Merseburger Ausgabe von 1734 veranstaltete. Man sieht, wir haben hier ein Volkshandbuch vor uns, das im Laufe der Zeiten jedesmal den veränderten Bedürfnissen gemäß umgestaltet wurde. War nun die Ausgabe von 1579 wirklich die editio princeps? In S. 159 bespricht W. die Progymnasmata judiciorum von Conr. Gerh. Saur, und es muß befremden, daß er nicht auf den Gedanken gerathen, daß zwischen dem Werke des Vigelius und dem des Saurius eine innere Verwandtschaft bestehe. Die letztgenannte Schrift hatte er bei Lipenius citirt gefunden. Hätte es Strieber aufgeschlagen, dann würde er bemerkt haben, daß auch Saurius ein Marburger gewesen und in der Vorrede zu verstehen gegeben hat, daß seine „Bauren Practica" nichts Anderes gewesen als eine Umarbeitung von Jacobi Pasquilli „Bauren Practica in Gerichtshändeln", welches schon i. J. 1563 erschienen war, während unter dem fingirten Namen Jac. Pasquillus unser Nicolaus Vigelius eines der früheren Erzeugnisse seiner Feder veröffentlicht hat. In der Frankfurter Ausgabe von 1588, wovon sich ein Exemplar auf der Universitäts-Bibliothek

zu Leiden befindet, stehen im Anhang einige Briefe von auswärtigen Rechtsgelehrten und ein „Gespräch desz Oratorn vnd Juristen von Doctoris Vigelii Richterbüchlein."

§. 150. **Joannes Bernardus Muscatellus** und **Vincentius de Franchis**, zwei Neapolitanische Rechtsgelehrte, sind hier neben einander gestellt. Die beste (hier nicht genannte) Ausgabe der „Decisiones sacri Regii Consilii Neapolitani", von letztgenanntem Verfasser, ist die von Petrus Roitus, zu Turin i. J. 1628 erschienen; sie ist vermehrt mit Additiones von Horatius Visconti, Flavius Amenbola, Joannes Aloysius Ricius und Joannes Maria Novarius.

§. 151. **Petrus Acrobius**. Die „Rerum ab omni antiquitate judicatarum Pandectae" gehören durchaus nicht zum Prozeßrecht, der Verfasser hat in den zehn Büchern aus der römischen Geschichte Beispiele von der Anwendung der Gesetze entlehnt, welche er nach der Reihenfolge der Pandekten näher beleuchtete. Das Werk wurde zu Paris i. J. 1588 und 1615 herausgegeben. Die Anmerkungen von Olbenburger scheinen in der Feder geblieben zu sein, wenigstens wurden sie in die Genfer Ausgabe (1677) nicht aufgenommen. Das andere hier genannte Werk „De origine et auctoritate judiciorum" hat mit dem Prozesse ebensowenig zu schaffen, sondern handelt vielmehr von dem sogenannten Juristenrecht, als der dritten Entstehungsform des Rechts. Dagegen hätte Ayrault's Schrift „L'ordre judiciaire, dont les anciens Grecs et Romains ont usé, conféré a l'usage de France." Par. 1576. 8. genannt zu werden verdient.

§. 152. **Ludwig Gilhausen**. Nach der eingehenden Kritik, welcher Waechter Gilhausens „Arbor judiciaria criminalis" unterworfen hat, hätte man hier eine Erörterung des zwischen dieser Schrift und den oben genannten Schriften des Nicolaus Vigelius obwaltenden Verhältnisses erwarten dürfen. Es wäre der Mühe werth gewesen zu untersuchen, ob **Gilhausen** sich auch im bürgerlichen Prozeß eine so unverschämte Abschreiberei habe zu Schulden kommen lassen, wie man sie ihm in Bezug auf sein Werk über den Strafprozeß nachgewiesen hat.

§. 153. **Henning Hammelius.** Stepf hat irrthümlich sein Sterbejahr auf 1662 gestellt. Joecher hat seine Nachrichten über diesen Braunschweiger Gelehrten aus **Wettens** Diarium geschöpft. Von seiner „Repetitio ad tit. de actionibus ad usum forensem accommodata" gibt es noch eine von **Walther** nicht citirte Wolfenbütteler Ausgabe von 1707. 4. Daß er sich **Hamelius** schrieb, scheint mir aus den Titeln seiner Schriften und aus Joh. **Borcholti** Consilia klar: der zweite Theil dieser Sammlung wurde ihm von **Statius Borcholten** im Jahre 1600 gewidmet.

§. 154. **Jacob Ayrer.** Eine Uebersicht von dem Inhalte des hier genannten Werkes gab **Moerkerk van Steel** unter dem Titel einer Juridischen Curiosität aus dem vorigen Jahrhundert, in den „Nieuwe Bijdragen voor Regtsgeleerdheid en Wetgeving", VI (1856). S. 611 ff. Es ist jedoch nicht im achtzehnten, sondern im sechzehnten Jahrhundert geschrieben. Ayrer starb im Jahr 1603.

§. 155. **Heubert van Giffen.** Der Verfasser bedauert es, daß er keine Original-Ausgaben von den „Tractatus duo de ordine judiciorum" habe ausfindig machen können. Die editio princeps lag vor ihm, denn erst **Richter** hat aus einer Handschrift der von **Giphanius** zu Ingolstadt vor einem zahlreichen Auditorium von Studenten gehaltenen Vorlesungen dies Werk herausgegeben, wie aus der dem Werke vorgedruckten Dedication ersichtlich ist.

§. 156. **Johann Emmrich von Rosbach.** Wie ist es möglich, daß die editio princeps der „Praxis civilis s. Processus Judiciarius" i. J. 1599 zu Frankfurt erschienen ist, wenn die Dedication zur ersten Ausgabe aus Speier „pridie Cal. Aug. 1601" datirt ist?

§. 157. Johann Zanger, i. J. 1557 (nicht, wie W. schreibt, i. J. 1577) geboren. Von seinem „Tractatus de exceptionibus" werden hier die editio princeps von 1586 und einige folgende in den Jahren 1598—1730 erschienene angeführt. Aber die Ausgabe von 1593 (hier nicht genannt) ist die wichtigste. In der von 1586 (Commentarii ad tit I. de exceptionibus geheißen) machte Zanger sechs Jahre später so viele Abänderungen, daß er kein Bedenken trug, ihr einen anderen Titel zu geben und das Werk als ein Neues zu betrachten. Die Dedication an den Herzog Friedrich Wilhelm von Sachsen führt das Datum 1. Sept. 1592. Die von W. angeführte Ausgabe von 1644 erschien nicht unter obigem Titel, sondern heißt „Opera Joh. Zangeri quae exstant omnia", obgleich einige seiner kleineren Schriften darin fehlen. Wohl kommen darin die „Commentarii in quatuor libri II Decretalium titulos" vor. Hätte der Verfasser einen Blick in das Werk (früher besonders i. J. 1620 herausgegeben) geworfen, dann würde er sich überzeugt haben, daß es für den Prozeß von unendlich größerem Werthe ist, als manch anderes von ihm zu Rathe gezogene Werk.

§. 158. Hieronymus Treutler. Man traut kaum seinen Augen, wenn man liest, was der Verfasser, nachdem er die „Consilia juridica" und den „Processus judicarius" dieses bekannten Schriftstellers erwähnt hat, folgen läßt:

„Von den ersteren kann ich keine Ausgabe nennen, auch den Proceß habe ich nicht sehen können." Es ist wahr, Treutler's Leben ist bis jetzt noch nicht gehörig beleuchtet, und was Jugler und Strieber in dieser Beziehung geleistet, läßt noch mehrfache Ergänzung zu. Aber gar nicht selten sind seine

1) „Consilia Juridica sive Responsa, una cum Responsis Andreae Schoepsii, edente Joh. Buettnero." Francof. 1625, Fol. Auch auf der Leibner Universitäts=Bibliothek vorhanden.

2) Lucerna caussidicorum sive Annotationes aureae in Jurisprudentiam Romanam Herm. Vulteii." Cass. 1612,

4., Colon. 1612, 8.' Frf. 1615, 8. Dies wird wohl der von W. gemeinte Processus judiciarius sein und einer neuen Auflage dieses Werkes begegnen wir in dem „Commentarius Judiciarius seu Nota practica in libros II Jurisprudentiae Herm. Vulteii, una cum formulis actionum totius processus, tum inferiorum dicasteriorum, tum Supremi Cameralis Judicii." Hanov. 1652. 8.

§. 159. Corn. Gerh. Saurius. Siehe oben §. 104, 149.

§. 160. Jacobus Menochius. Walther sagt, er sei seiner „Gelehrsamkeit" wegen der Bartolus oder Balbus seiner Zeit genannt worden. Dies reimt schlecht zusammen mit dem Urtheile Haubold's, welcher von ihm sagt, er sei „subtilitate quidem judicii magis quam doctrina celebris" gewesen.

§. 162. Jobocus Stempelius. Nicht nur ein Memoriale processus, sondern auch ein Compendium Mascardi de probationibus hat er veröffentlicht. Letzteres erschien zu Köln i. J. 1626.

Montanus („vielleicht identisch mit Horatius Montanus §. 203"). Wie der Verfasser sagen kann, daß die Nachrichten über ihn sehr karg sind, begreife ich nicht, da hier ja die Rede ist von dem berühmten Johannes Petrus Ferrarrius, auch Montanus genannt. Dasselbe Buch, ja dieselbe Ausgabe, war schon früher §. 98 von Walther angeführt, und über den Verfasser hatte er Vieles zusammengetragen.

§. 164. Sfortia Odbus. Von dem „Tractatus de restitutione in integrum" gibt es auch eine „editio Francofurtana", bei Egenolph Emmel erschienen. Sie enthält jedoch nicht mehr als den ersten und allgemeinen Theil und auch der „Index rerum", auf dem Titel versprochen, findet sich nicht darin. Nach Fabroni ist er nicht i. J. 1610, sondern 1611 gestorben.

§. 165. Ausonius Popma. Bei dem Seitenhieb, den Joecher abkriegt, weil er den berühmten Friesen de Popma nennt, ist die Anmerkung lächerlich, daß er eigentlich Popmen geheißen. W. weiß nichts von ihm, als daß er gebürtig war „aus Alst in Friesland, florirte um 1610". Popma war aus Ylst, einer der eilf Friesischen Städte, trat bereits 1589 als Schriftsteller auf und ist gestorben 1621. Das hier genannte Werk „De ordine et usu judiciorum libri tres" ist mit einer Vorrede des berühmten Geschichtsschreibers Pierius, Winsemius versehen.

§. 167. Petrus Denais. Das Büchlein „De jurisdictione camerali", welches der Verfasser bei Joecher erwähnt gefunden, und von welchem er nichts Näheres erfahren konnte ist wahrscheinlich das Buch „de Jure meri imperii sive de Jurisdictione Camerae Jmperialis". Heidelb. 1601. 4.

Sein „Compendium Juris Cameralis" ist auch in Straßburg 1652 (8vo.) und in Speier 1605 und 1625 (8vo.) erschienen. Sonst ist er auch bekannt durch eine „Assertio Jurisdictionis Camerae Jmperialis et libertatis cameralium aduersus apologiam Spirensem" (Heidelb. 1601, 4), das vielleicht mit erstgenanntem Werke identisch ist.

§. 168. Ein bunter Mischmasch von Büchertiteln, aus den so oft ungenauen Angaben des Lipenius entlehnt. Man könnte es hingehen lassen, wäre nur die Nachschreiberei auch getreu. Aber W. nennt unter Nr. 6 und 7: Ant. Delze „Antecursoria processus judiciarii." Col. 1614, 8 und Ant. Tiburtini „Judiciarii processus anticuriosa". Colon. 1614. 8. Lipenius schreibt wenigstens „Delre" und nicht „anticuriosa", sondern „antecursoria", so daß es wahrscheinlich wird, daß man hier an ein Werk zu denken hat, das die bekannten Kölner Nachdrucker herausgegeben. Von Andreas Scheffer schreibt Walther: Juris quoestiones practicabiles II vol. Nur bei Joecher erwähnt gefunden". Das Buch wurde in drei Abtheilungen zu Zerbst in 1611 in 4to herausgegeben.

Die Arbeit des polnischen Juristen Georg Czarabzki

ührt den Titel: Processus iudiciarii pragmatici in Jure Civili et Saxonico recepti Syntagma, und ist im J. 1613 zu Craeau veröffentlicht.

§. 169. **Paul Matthias Wehner** (nicht Matthaeus, wie Walther schreibt). Der Titel seiner Practicae Juris Observationes selectae ist hier unverständlich mitgetheilt: was bedeuten am Ende die Wörter „defensionemque continens MCC"? Man ergänze: „MCC et amplius observationes ordine alphabetico exhibens". Die dem Bischof von Bamberg, Johann Philipp und einigen Aebten gewidmete Arbeit ist ein Wörterbuch der Rechtsterminologie, mit Hinweisung auf damals gangbare Bücher über praktisches Recht. Viele ältere Schriftsteller und Sammlungen findet man hier schon angeführt, welche man in Walther's Arbeit umsonst sucht.

§. 170. **Georg Obrecht**. Das „Exercitium juris practicum" wird hier beschrieben. Unrichtig ist aber der Zusatz, daß der von Einigen angeführte Titel „Adumbratio processus folglich unrichtig" sei, denn wirklich wurde dieser einigen späteren Ausgaben gegeben. Ueberdieß hätte der Verfasser noch auf das Curiosum aufmerksam machen können, daß wir hier die Grundlage einer Art Drama vor uns haben, für Studenten geschrieben, um den Römischen Prozeß praktisch zu lernen! Es wurde noch am 19. Jan. 1737 zu Rostock von dreizehn Akademikern, Schülern des Prof. Mantzel, in dessen Hause aufgeführt. Auch werden hier die späteren Ausgaben nicht erwähnt, sogar die von **Johann Heinrich Rassor**, einem Hamburger Advokaten, nicht, auf dessen Noten (1726) im vorigen Jahrhundert ein ziemlich großer Werth gelegt wurde.

Immanuel Weber hat i. J. 1722 Obrecht's Exercitium zu Gießen nochmals herausgegeben, „succinctis maxime ad Antiquitates Juris Romani spectantibus annotationibus delucidatum".

§. 172. **Prosper Farinacius**, „geboren in Rom am

30. Oktober 1554, war päbstl. Fiscal das und starb 1613". Seit Joecher kommt in fast allen Büchern der nämliche Druckfehler vor: Farinaccio ist nicht im Jahre 1613, sondern 30. Oktober 1618 seinem 64sten Geburtstage gestorben. Schon Moréri hat die richtige Angabe: in Kölers Historische Münzbelustigung, XL 267, findet man den vollständigen Beweis. Walther führt seinen Tractatus de testibus und die Decisiones S. R. Romanae an; „nach Joecher schrieb er auch Consilia". Wie dürftig hier die Literatur-Angaben sind, braucht nicht hervorgehoben zu werden; weder die Gesammt-Ausgaben seiner Schriften, noch die einzelnen Ausgaben der genannten Werke sind hier gehörig verzeichnet; selbst die Angabe der editiones principes fehlt. Teraboschi hätte hier gute Dienste leisten können.

§. 173. Joannes Calvinus, alias Kahl. Ueberraschend ist die Nachricht, daß er sich schon auf den Titel seines „Processus Judiciarii" im 1579 als „Heidelb. Acad. Prof." bekannt gemacht hat. Hieraus ergibt sich zugleich (wie Walther bemerkt), daß Kahl nicht erst 1605 Prof. zu Heidelberg wurde, wie Danz und Lieckefett behaupteten. Dennoch scheint es mir ziemlich gewiß, daß Calvinus erst im Jahr 1606, nachdem Daniel Nebel die Professur der Pandecten übernommen hatte, als ordentlicher Professor der Institutionen in die Juristen-Facultät aufgenommen wurde. Zentner, der die Acta Academica genau durchsuchte, bezeugt dies bestimmt, und ich selbst erinnere mich nicht, in diesen lehrreichen Folianten, deren Gebrauch mir im Jahre 1862 gestattet war, schon im sechzehnten Jahrhundert des Calvins Name angetroffen zu haben. Merkwürdig ist es, daß er im Striederschen Werke gänzlich fehlt.

§. 174. Joachim Gregor von Pritzen. Ist der hier verzeichnete „kurzer und nützlicher Proceß, so vor 50 Jahren nach sächs. Rechten und Uebungen von einem vornehmen Doctore zu Wittenberg gestellet worden" wohl etwas anderes, als der „Processus minor" von Conrad Mauser, deſſen ich oben §. 84 gedachte? Richtig wird er übrigens Gregor (nicht Georg) genannt, denn kein anderer ist der „Dr. Joachim Gregorius von Magdeburg" über deſſen Commentaria et annotationes zum Prozeß Dr. Chilian Königs zwischen Peter Kopf zu Frankfurt und Vögelin zu Leipzig im Jahre 1595 ein Prozeß wegen Nachdruck geführt wurde. Wigand, Wetzlarſche Beiträge für Geſchichte und Rechtsalterthümer, I, 239. Da auch Stobbe dieſe Quelle nicht entgangen war, iſt es um ſo mehr auffallend, daß er den Verfaſſer Johann Georg nannte, und die Beifügung von Pritzen nicht auf den Geburtsort des Mannes deutete.

§. 175. Arnoldus de Neyger. Die Angabe vieler neueren Werke, hier getreu wiederholt, dieſer Gelehrte ſei 1615 geſtorben, ſcheint irrig zu ſein; denn damals hatte er erſt ein Alter von 56 Jahren erreicht und das „Electorum Brandenburgicorum Consiliarius consenuit" iſt auf einen Mann ſolchen Alters nicht anwendbar. Wahrſcheinlich hat Einer bei Freherus ſtatt „claruit a. 1615" geleſen „obiit"; und ſo kommt ſeither das verkehrte Todesjahr in zahlreichen Büchern vor, zuletzt noch bei Günther, deſſen im J. 1858 zur Sächsiſchen Säcularfeier herausgegebenes Buch „Lebensſkizzen der Profeſſoren der Univerſität Jena ſeit 1558 bis 1858" zu den ſchwächſten Erzeugniſſen auf dem Felde der Litteraturgeſchichte zu rechnen iſt. Sehr genau iſt hier ferner die Angabe der verſchiedenen Ausgaben ſeines „Processus Indiciarius", unter verſchiednen Titeln erſchienen.

§. 176. Nicolaus Cavolus, aus Piuggia im Gebiete von Spoleto, alſo im ehemaligen Umbrien, „daher auch „Umbrus" genannt." Nicht wahrſcheinlich: wir kennen ja aus unſerem Vergil (Aen. XII, 753)

— at vividus Umber
haeret hians sqq.

Walther meint (das Autorenregiſter, XIV beweiſt es)

daß die Angabe seiner „Communes Conclusiones" von demselben Caspar Ziegler herrühre, der im Jahre 1690 verstorben ist. Indessen ist sie vom gleichnamigen Vater des berühmten Mannes veranstaltet, wie Nettelblatt bemerkte in Hall. Beiträge, 1. 486. Zur Ausgabe von 1678 schrieb der jüngere Ziegler eine Vorrede.

§. 177. Scipio Gentilis W. erwähnt von ihm:
1. „Tractatus de Jurisdictione, l. III." Die editio princips dieses Werkes erschien zu Frankfurt i. J. 1601, eine andere i. J. 1603. Der Verfasser widmete es dem Churfürsten Friedrich IV. von der Pfalz. Im dritten Theil der zu Neapel erschienenen Ausgabe der „Opera omnia" ist es aufgenommen.

2. Eine Schrift „De concurrentibus actionibus." Dieses Büchlein war ein specimen, i. J. 1593 von Caspar von Achlen aus Antwerpen zu Altdorf vertheidigt. Es wurde 1617 zu Amberg aufs Neue aufgelegt und kommt auch im achten Theile der „Opera Omnia" vor. Es besteht aus fünfzig Thesen über genanntes Thema.

§. 178. Petrus Friberus. Bei Walther kommen vor:

1. Sein „Tractatus de processibus in Camera extrahendis." Die Ausgabe von 1601 ist die dritte „prioribus correctior", die zweite (von 1597) wird hier nicht erwähnt.

2) Die „Consultationes Saxoniae". Nur die Ausgabe von 1616 wird hier genannt. Die frühere, i. J. 1599 zu Frankfurt erschienene, unterscheidet sich dadurch von der späteren, daß sie ursprünglich nicht wissenschaftlich geordnet war. Es gibt auch noch eine Ausgabe von 1667 in Fol.

Nr. 5. „Commentarii de interdictis", die auch in einigen Ausgaben des Werkes „De Processibus" vorkommen, wurden zu Frankfurt 1610 und zu Wetzlar 1731 besonders herausgegeben.

§. 179. Carolus de Grassis. Sein Bruder Petrus de Grassis widmete 1617 das von jenem hinterlassene Werk „Tractatus de effectibus clericatus" dem Magistrat zu Palermo. Aus dieser Dedication läßt sich die Zeit, in welcher der Verfasser des Werkes „De exceptionibus ad materiam statuti excludentis omnes exceptiones" gelebt, ungefähr berechnen. Von dem letztgenannten Buche spricht der Verfasser selbst in seinem Tractatus, I, 639.

§. 180. Sigismund Scaccia, „Advokat zu Rom um 1618." Diese Jahreszahl scheint hier genannt zu sein, weil damals der erste Nachdruck von Scaccia's umfangreichem Werke „De judicis causarum" erschien; jedoch aus dem „imprimatur" ergiebt sich, daß dies Buch bereits i. J. 1603 unter die Presse gekommen. Der Verfasser dedicirte es Papst Clemens VIII., der am 3. März 1605 starb. Es ist in drei Bücher eingetheilt, wovon das erste „de singulis modis inchoandi singula judicia usque ad litis contestationem" das zweite „de reliquis usque ad conclusionem in causa", und das dritte „de reliquis usque ad finalem executionem" handelt.

§. 181. Petrus Gubelinus. Walther fragt, warum Boecking diesen unter den Processualisten aufgezählt habe: „indessen (sagt er), gelang es mir nicht, eigentlich processualische Arbeiten von ihm zu ermitteln." Das ganze vierte Buch seiner „Commentarii de Jure novissimo" ist dem bürgerlichen Prozesse gewidmet.

§. 182. Vierzehn Namen processualistischer Schriftsteller sind hier „wegen meist spärlichen Flusses der betreffenden Nachrichten" zusammengenommen. In Betreff der meisten hätte W. sehr leicht Notizen ermitteln können, nur mußte er dann nicht allein die allgemein zugänglichen Werke benützen. Auf diesem Wege konnte es freilich nicht gelingen. Einige dieser Schriftsteller hätte er ruhig übergehen können. Wenn nämlich Ortolph Fomann hier wegen einer einzigen unter seinem Präsidium vertheidigten Dissertation Erwähnung verdiente, dann konnte beinahe jeder Lehrer an einer deutschen Universität auf dieselbe Auszeichnung Anspruch machen. Auch hätten dann einige andere Specimina, unter seiner Aufsicht oder von ihm selbst geschrieben, genannt werden sollen.

Wie sogar Antonius Faber unter diese Zahl gerathen ist, darf für ein Räthsel gelten. Beinahe kein Jurist fand ja so viele Biographen als gerade dieser. Nur vom „Codex Fabrianus" wird hier gesprochen; über seinen Einfluß aber, und über die scharfe Kritik, die er von Bachovius, neben der gemäßigteren des Ulrich Huber, erfahren, finden wir nicht einmal eine kurze Andeutung.

Auch einem Eberhard Speckhan sehen wir hier wegen seines „Processus civilis", angeblich i. J. 1670 zu Frankfurt erschienen, einen Platz eingeräumt. Jedoch erklärte schon Du Roi, der Speckhan's Leben und Werke beschrieben, daß er zwar ein solches Werk bei Lipenius erwähnt gefunden: „allein, setzt er hinzu, „da ich sonst nirgends Nachricht davon finde, habe ich Ursache, diese Anzeige für sehr verdächtig und ungewiß zu halten." Dieses Wort hätte gewiß der Aufmerksamkeit unseres Verfassers nicht entgehen sollen. Denn Du Roi war ja, wie Speckhan, Professor der Rechte zu Helmstädt, und hatte also die beste Gelegenheit, diese Sache zu untersuchen; und zweitens hatte er die „Opera omnia" seines Vorgängers, i. J. 1695 zu Frankfurt herausgegeben, vor sich. Darf man nun wohl annehmen, daß Werlhof, der diese Ausgabe besorgte, von dem Dasein eines fünfundzwanzig Jahre vorher in derselben Stadt erschienenen Werkes gar keine Kunde gehabt habe?

Hinsichtlich des „Tractatus de appellationibus" von Johann Michael Beuther hätte W. grobe Verstöße seiner Vorgänger aufdecken können. Jöcher schreibt das Buch sowohl dem Vater (Michael Beuther † 1587), als dem Sohne zu; Stepf nennt es unter den Werken des Vaters, erwähnt aber beim Sohne bloß deſſen Schrift „de jure praelationis Consultationes et Responsa".

Auch Dominicus Tuſchi finden wir hier genannt; W. meinte Toſchi. Er ſetzt hinzu, er ſei geboren zu Reggio, im Neapolitaniſchen, oder nach Andern zu Caſtellarano in der Lombardei. Reggio in Calabrien iſt hier mit Reggio im ehemaligen Herzogthum Modena verwechſelt. Caſtellarano gehörte zu dem Bisthum, das in letztgenannter Stadt ſeinen Sitz hat. Die „Practicae Conclusiones Juris in omni foro frequentiorum" erſchienen nicht zuerſt zu Venedig 1617, ſondern wurden bereits von 1605—1608 zu Rom von dem berühmten Kardinal herausgegeben. Darauf folgte eine Frankfurter Ausgabe von 1612; im J. 1620 ein Antwerpener, und zuletzt die beiden Lyoner 1634 und 1660. Der Anhang oder neunte Theil wurde von dem Sohne eines Vetters des Verfaſſers, dem Grafen Carlo Toſchi 1670 veröffentlicht.

Auch Ernſt Cothmann hat hier einen Platz gefunden: allein die Nachrichten über ſein Leben und ſeine Schriften ſind leicht aufzufinden. Er iſt nicht im Jahre 1577, ſondern ſchon am 6. December 1557 geboren; bei Freher und Bacmeiſter fehlt eine genaue Beſchreibung ſeiner Entwicklungsgeſchichte nicht; er gehörte zu den ausgezeichneten Schülern Bercholtens, und ſeine Consilia gewähren reichliche Ausbeute zur Geſchichte des Mecklenburgiſchen Landes und ſeiner Univerſität. Vieles über ihn ſammelte der fleißige Prediger Krey, Andenken an die hieſigen Gelehrten aus den drei letzten Jahrhunderten, III. 58 ff.

Endlich wäre hier eine kurze Zergliederung des „Parthenius litigiosus" von Georg Valentin Winther wünſchenswerth geweſen. Dieſes Buch iſt nicht ein Lehr= oder Hülfsbuch zur gerichtlichen Praxis, ſondern eine Beurtheilung der Grundfehler des weitſchweifigen Proceſſes, wie er im Anfang des ſechzehnten Jahrhunderts geführt zu werden pflegte.

6*

§. 183. **Friedrich Hiltrop.** Zwei Schriftsteller gleichen Namens werden hier häufig mit einander verwechselt. Der eine, in Dortmund gebürtig, wurde Dekan an der Collegialkirche zu Essen, und starb 7. Oct. 1617. Der jüngere war, nach Barzheim, Biblioth. Coloniens 86, aus Essen, wo er das Syndikat der Stadt bekleidete. Er lebte noch als die erste Ausgabe seines von W. genannten Werkes erschien; jedoch irrt sich der Verfasser, wenn er dem von Schletter angegebenen Titel „Protribunalium fori moderni quatuor" Unrichtigkeit vorwirft, denn in der That ist dieser einigen Ausgaben vorgedruckt. Vgl. Drives, Bibliotheca Monasteriensis, 55. Abelung, Fortsetzung von Joecher, II, 20 ꝛc.

§. 184. **Rutger Rulant** „(nicht Ruland)". Dieser Zusatz beruht auf keinem triftigen Grunde. Der Name dieses bekannten Advokaten beim Reichskammergericht wird von Zeitgenossen auf beiderlei Art geschrieben. Hier finden wir von ihm angeführt:

1) Den „Tractatus de commissariis et commissionibus Camerae Imperialis." Frf. 1597, 1617, 1664, 1723 ff. Die drei ersten Ausgaben dieses Werkes sind i. J. 1596 oder 1597, 1604 und 1617 oder 1618 erschienen, und nicht in Folio, sondern in Quarto.

2) Das „Formularium", dem genannten Werke angehängt;

3) Einen „Processus judiciarius". Dieses Werk, das W. allein bei Lipenius und Kästner erwähnt gefunden, ist der „Processus judiciarii ad mores nostros stilumque Camerae adcommodati, p. I et II, cont. exempla cameralia ex MS. desumta et praeceptis Ferrarii Montani prima parte propositis adcommodata." Hamb. 1608. 4.

4) Einen „Thesaurus Juris executivi quadripartitus" Frf. a. M. 1624, Fol. Offenbar sind hier die „Decades votorum Cameralium" gemeint. Unter diesem Titel gab Rulant nicht allein Beiträge zu genanntem Werke, sondern

auch zu dem „Thesaurus Juris emphyteutici" und dem „Thesaurus fructuum et interesse", welche i. J. 1606 und 1608 erschienen. Alle diese Thesauri hat Rulant zum Druck befördert. Auch hat er viele Werke älterer Juristen herausgegeben, z. B. die Praxis von Robertus Maranta. In §. 79 erwähnt Walther selbst diese Arbeit, jedoch heißt der Herausgeber dort J. Rulanbus und im Register, XII. finden wir auch irrigerweise zwei verschiedene Personen neben einander gesetzt! Man weiß, daß Rulant beim Kaiser Ferdinand II., der ihn zu vielen Gesandtschaften verwendete und in den Adelstand erhob, in hohem Ansehen gestanden hat.

§. 185. Justus Reifenberg. Kühn klingt die Behauptung des Verfassers: „Hinterließ nach meinen Ermittelungen nur zwei Werke." Was für Untersuchungen W. angestellt, ist mir unbekannt; aber ich darf ihm versichern, daß wenigstens dreizehn Schriften von seiner Hand im Druck erschienen sind. Wer die höheren Lehranstalten, in welchen Reifenberg (außer Franecker) lehrte, zu Herborn, Rinteln, Bremen, nicht kennt, ist freilich nicht im Stande, sich hinlänglängliche Nachrichten über seine Thätigkeit zu verschaffen. Die „Nomothesia Maximiliani I." kann nicht (wie W. schreibt) i. J. 1610 erschienen sein; denn das Buch ist eine weitere Ausführung des von Reifenberg 1616 unter Dion. Gothofredus vertheidigten Specimen. Es führt den Titel: „Maximiliani I. Jmp. Caes. Augusti Nomothesia de publicis notariis et testamentis anno Chr. 1512 sancita, toga exposita, commentariis illustrata". Herb. Nass. 1620, 8. Ein Exemplar befindet sich auf der öffentlichen Landesbibliothek zu Wiesbaden*).

---

*) Ueber Reifenberg, der die Stiftung der Academie zu Rinteln am 17. Juli 1621 feierte, findet man ziemlich vollständige Notizen bei Beerling, Historia festi saecularis Acad. Rinteliensis. Strieder, Hessische Gelehrten-Geschichte, XI. 256 sqq.

§. 186. **Paulus Christinaeus**, hier **Christianeus** genannt. Die „Practicae Questiones" sind von des Sammlers Sohn und Nachfolger, Sebastiaan van Christynen (nicht Christynou), herausgegeben. Hierbei hätte können bemerkt werden, daß die Antwerpener Ausgabe von 1671 aus sechs, die Erfurter von 1743 aus sieben Foliobänden besteht. Was diese reiche Sammlung enthalte, wie der Sammler dabei die Handschriften des Oheims seiner Frau, Charles Boisot benützt hat, und warum der Herausgeber erst im zweiten Theile die Reihenfolge der Römischen Rechtsbücher vorgezogen — über das Alles gibt W. keinen Aufschluß.

§. 187. **Christoph Beuder**. Warum ist hier Einem, der allein „Theses ad processum judiciarium" auf der Universität zu Straßburg vertheidigt hat, eine Stelle eingeräumt?

§. 188. **Hermannus Bultejus**. Zu dem Namen des berühmten Rechtslehrers bemerkt W., er habe ursprünglich Wille oder Buille, später (nach Haubold) Bulte gelautet. Hätte nicht schon die sorgfältige Anordnung des Geschlechtsregisters in Strieber's „Hessischer Gelehrtengeschichte" den Verfasser belehren können, daß unseres Autors Großvater, Johannes Wöhl, Bürgermeister zu Wetter, 1529 gestorben, sich auch Bultejus geschrieben hat? W. rechnet ihn zu den Proceßualisten seiner Zeit, dreier Werke wegen:

1) Die „Consilia sive Responsa Doctorum et Professorum facultatis juridicae in Academia Marpurgensi, congesta

---

Sagittarius, Orat. de schola Bremensi, 167. Iken, de illustri Bremensi schola, 89. Vriensot, Athenae Frisiacae, 233 sqq. Nur über seinen Aufenthalt in Herborn sind sämmtliche Nachrichten völlig ungenau. Sein Vater schrieb sich Jacob Reisenberger, wie mir aus Nassauischen Acten erhellt. Er war Oheim des Joh. Jac. Wissenbachs, und nicht nur mit Georg Pasor, sondern auch, wie die Praefatio der Nomothesia Maximiliani beweist, mit Johann Piscator verwandt.

studio atque opera Herm. Vulteji," in vier Foliobänden herausgegeben, wovon die drei ersten zu Marburg 1611, 1613 und 1614 erschienen sind, während der letzte erst i. J. 1631 zu Frankfurt herausgekommen ist. Wenn W. hier von „seinen Consilia" spricht, wäre es nicht unzweckmäßig gewesen, zu bemerken, daß in Bd. I nur cons. 15—19, 22, 23, 29, 30, 33 und 34, in Bd. II. cons. 24, 25 und 29, in Bd. III. Cons. 17—23, 29—31, 34 und 35, in Bd. IV. Cons. 11—15, 20—25, 30—36, 43—47, 54 und 55 von der Hand des Vultejus sind.

2) Der „Tractatus de Judiciis."

3) Ein „Tractatus posthumus de judiciis", von Jöcher erwähnt. Merkte der Verfasser nicht, daß er hier aus einem Werke zwei mache? Der „Tractatus de judiciis" ist nie bei des Vultejis Lebzeiten herausgekommen. Sein Sohn Johannes zeigte darum bereits auf dem Titel an, daß es ein Opus posthumum sei. Ueberdies ist es bekannt, daß die Dictate des Vultejus über den bürgerlichen Prozeß noch in der Königlichen Bibliothek zu Berlin (Mss. Lat. in Fol. Nr. 138) vorhanden sind, i. J. 1597 von der Hand eines Namensvetters unseres Verfassers, Henning Walther, geschrieben. Vergl. Muther „De origine processus provocatorii ex legi Diffamari (Erl. 1853), 5. Derselbe in den Jahrbb. des gemeinen deutschen Rechts, II, 89.

§. 189. Georg Schultze. Er ist im November 1599 zu Löwenberg in Schlesien geboren und am 5. October 1634 als Assessor der Juristischen Facultät in Wittenberg gestorben. Die Beifügung „nicht Schultzen: Lipen. Rudorff" ist jedenfalls überflüssig, da Schultze sich selber so (im Ablativo) auf dem Titel seiner Schriften nennt. Sein Leben hat Freher im Theatr. erud. viror. 1068 beschrieben. Interessant wäre hier die Nachweisung des Unterschiedes zwischen dem Inhalt seiner Synopsis iudiciaria und des Processus Judicarius gewesen. Daß auch seine Schriften über materielles Recht wegen ihres praktischen Inhalts sehr beliebt waren, lehrt uns Joh. Heinr. Berger, in seiner Oratio de JCtis superioris seculi in Academia Vitenbergensi.

§. 190. Johannes van den Sande, nicht „von Sande", wie W. schreibt. Er erwähnt zweier Werke von ihm: 1) „Tractatus de actionum cessione." Sonderbar ist nicht allein die Erwähnung dieses Werkes, das nicht zur processualistischen Literatur gehört, sondern vornehmlich auch der Zusatz „nur bei Jöcher erwähnt gefunden." War dem Verfasser denn nicht bekannt, was Mühlenbruch über dieses Buch in der Vorrede zu seiner „Cession der Forderungen" sagt, der den Autor im Vergleich mit seinen Zeitgenossen loben zu müssen glaubt? Es ist zuerst in Francker 1623 erschienen. Eine editio auctior erschien zu Leeuwarden 1634, eine dritte 1657, lange nach des Verfassers Tod.

2) „Theatrum practicantium sive Decisiones aureae sive Rerum in Suprema Frisiorum Curia judicatarum l. V." Die Titel „Theatrum practicum" und „Decisiones aureae" sind eine spätere Erfindung. Gewiß ist es, daß Van den Sande diese seinem Werke nie gegeben hat. Wahrscheinlich sind sie aus einer Groninger Ausgabe in die Brüsseler von 1721 übergegangen. Darin sind zugleich aufgenommen die „Annotationes et Elucidationes ad libros Definitionum Jo. a Sande, cur. Joachimo Burgers, J. U. D. Lipsiensi". Die erste Ausgabe dieser Decisiones erschien zu Leeuwarden 1635; folglich ist bei W. statt „Leovan." zu lesen „Leovard."; statt 1647: 1635. Die erste vollständige Sammlung der „Opera omnia" veranstaltete der Friesische Advocat Douwe van Feenstra i. J. 1683 zu Gröningen, mit Vergleichung der hinterlassenen Manuscripte des Autors.

§. 191. Christoph Besold. Statt auf die 14 hier angeführten Schriftsteller, wäre es besser gewesen, auf Autoren zu verweisen, welche die Quellen selbst zu Rathe gezogen haben, z. B. Rath's „Luctus Academiae Jngolstadiensis", ein Büchlein,

das auch der vierten, bald nach Besold's Tode (1638) erschienenen, Ausgabe von „Besoldi Synopsis. rerum ab orbe
condito gestarum" einverleibt ist, oder Jugler's Beiträge, I,
8 ff., oder die Werke, welche die Geschichte der Universitäten
Tübingen und Ingolstadt enthalten, wie Zell, Bök, Eisen-
bach, Klüpfel, Mederer. Vier seiner Schriften meinte W.
hier erwähnen zu müssen:

1) Die „Succinctae Tractationes de judiciario processu."
2) Den „Thesaurus practicus." Die vermehrte Ausgabe
dieses Werkes, von Christoph Ludwig Dietherr von
Anwanden erschien nicht zuerst i. J. 1679, sondern schon
1659 zu Nürnberg, zuletzt zu Pedepontum prope (nicht „sive")
Ratisbonam (Stadt am Hof), 1740. Schon die editio princeps war nicht von Besold selbst, sondern von Speidel
veranstaltet.

3) Die „Conclusiones". Walther nennt nur eine
Leidener Ausgabe von 1644. Es ist sehr zweifelhaft, ob diese
Schrift wirklich von Besold herrührt, und in jedem Falle ge-
hört sie nicht hieher.

4) Den „Discursus de appellationibus". Die editio
princeps erschien nicht i. J. 1608, sondern schon 1606. Den vollständigen Titel gibt Jugler, a. a. O. S. 85.

§. 192. Matthias Berlich. In Bezug auf diesen
Zeitgenossen Besold's (beide † 1638) gilt wieder die soeben
gemachte Bemerkung: Jugler's Fleiß hat beinahe alle fernere
Nachforschungen überflüssig gemacht, und doch hat Walther
dessen Arbeit sich nicht zu Nutzen gemacht. Letzterer verweist
auf:

1) Die „Conclusiones practicabiles secundum Divi Augusti Constitutiones Saxonicas." Hier hätte der Verf. unstreitig auf den Unterschied der verschiedenen Ausgaben aufmerksam machen sollen. Die dritte (1628) ist ganz umgear-
beitet, in Folge des neuen Gesetzes die bürgerliche Rechtspflege
betreffend, welche i. J. 1622 in Sachsen eingeführt wurde. Die

Ausgabe von 1693 wurde von Barth. Leonh. Schwenbendörffer veranstaltet. Statt Auszügen aus Bücherverzeichnissen hätte man hier Ausführungen über die Gründe erwarten sollen, die Berlich zur Herausgabe dieses Buches veranlaßt haben; über den Werth, den spätere Schriftsteller, hauptsächlich unsere Zeitgenossen (v. Wächter, Köstlin, Hälschner und Andere) ihm zugeschrieben, und über den Gebrauch, den Carpzovius davon gemacht hat.

2) Die „Decisiones aureae". So hat Berlich selbst sein Buch, als er es herausgab, nicht genannt. Die Ausgabe von 1625 spricht allein von „Decisiones". Ein drittes Stück wurde von Mart. Zach. Cramer i. J. 1668 hinzugefügt. In der letzten Ausgabe (1699) kommen auch einige „Decisiones" von Caspar Ziegler vor. Warum ist unter den Vorgängern Berlich's der bekannte Hieronymus Pauschmann († 1595) übergangen? Sein Opus Questionum Juridicarum practicabilium, in zwei Büchern, hatte damals großes Ansehen. Er war aus Sachsen gebürtig und mehrere Jahre Assessor am Kaiserlichen Kammergericht *).

§. 193. Johann Harpprecht. Von keinem seiner

---

*) Aus Briefen von Hermannus Vultejus erfahren wir, daß der im Walther'schen Werke oft genannte Jacob Schultes und Matthias Berlich beide Töchter des Leipziger Buchhändlers Henning Große geheirathet hatten. Auf Beider Arbeiten hatte die Speculation einen gewissen Einfluß. In Frankfurt am Main waren erschienen „Illustres, aureae, solennes et diu exoptatae Quaestionum controversarum Decisiones et Discussiones, ad praxin Camerae accommodatae." Die Arbeit war sehr fehlerhaft gerathen. „Inprimis vero illae decisiones plurima ex parte ex aliis authoribus, quo Dr. Henningus Grosse, Bibliopola Lipsiensium primarius, suis sumptibus comparavit et propriis impensis excudi curavit." Verkaufsverbot in Sachsen, und die Herausgabe der Conclusiones Practicabiles waren, natürlich nur „in utilitatem Reipublicae et usum studiosae inventutis", die Folgen dieser Vorgänge.

Werke ist nach seinem Tode eine neue Ausgabe erschienen. In welchem Verhältnisse steht sein Buch „de processu ordinario" zu den hier nicht genannten „Commentarii de exceptionibus, de replicationibus, de interdictis et de officio iudicis", zu Tübingen 1619 erschienen?

§. 194. Jlico Ummius. Von den elf hier genannten Schriftstellern über Eelco Ummius wird Niemand viel Neues lernen. Eine einfache Hinweisung auf Tjaben's gelehrtes Ost. Friesland II, 300 ff. wäre viel nützlicher gewesen*). Ummius starb als Oldenburgischer Gesandter am Kaiserlichen Hof zu Wien den 28. August 1643. Unter allen Juristen (so behauptet Tjaben) ist er der erste, welcher den ganzen Proceß in allen seinen Theilen systematisch abgehandelt hat, und seine Nachfolger Stryk und Ludovici würden es so weit nicht gebracht haben, wenn er ihnen nicht vorgearbeitet hätte.

§. 195. Sigmund Finckelthaus. Ein Processualist, der sich bereits als junger Mensch berühmt gemacht, indem er

---

*) Als Herausgeber seiner Disputationes ad Processum Judiciarium vermeldet Walther Martinus Rümelin und Anton Günther Ummius. Hier war Jöcher zu berichtigen, der von Rümelin sagt „florirte zwischen 1635 und 1644." Im Jahre 1616 war er Professor in Tübingen geworden, aber schon zehn Jahre später ist er gestorben. Vgl. Oratio funebris hab. ab Henr. Frodero Duntiscano. Tub. 1626 4. Böck, Geschichte der Universität Tübingen, 110, 111. (d). Ich füge diese Belege hinzu, da Zeller in seinen Merkwürdigkeiten der Universität Tübingen, 1504, diesen Rümelin als Professor Linguae Latinae und im Jahre 1631 gestorben, anführt. Hieraus wird zugleich deutlich, daß nicht die Bremer Ausgabe von 1658 von Rümelin besorgt wurde, sondern gerade diese ist von Anton Günther zum Druck befördert und wirklich die letzte. Auch Consilia hatte Ummius hinterlassen, multis (wie der Sohn schreibt) vigiliis lucubrata et reipublicae litterariae haud infrugifera. Die versproche Ausgabe ist jedoch nie erschienen.

eine in griechischer Sprache abgefaßte Dissertation in derselben Sprache öffentlich vertheidigte. „Quas noster publicavit Observationes Practicas" (sagt Hommel in seinem Schriftchen „de Ordinariis Facult. Jurid. Lips.") „magni facio, licet singulares opiniones non raro tueantur."

§. 196. **Thomas Carlevallius.** Walther theilt mit, er sei nach Jöcher ein Spanier, nach Böcking's Angabe ein Italiener gewesen. Es ist bekannt, daß Baeza in Granada sein Geburtsort ist, und daß die Spanische Regierung ihn seiner ausgezeichneten Talente wegen zum Mitgliede des großen Raths zu Neapel ernannt hat. Von seinem Werke „Disputationes Juris variae ad Jnterpretationem Regiarum Legum Regni Castiliae de Judiciis" finden wir hier allein die beiden letzten Nachdrucke genannt, zu Lyon und zu Köln erschienen. Die Editio princeps war zu Neapel 1634 und 1641 herausgekommen. Im J. 1656, also nach des Verfassers Tode, wurde das Werk in der Königlichen Druckerei zu Madrid aufs Neue aufgelegt; und vier Jahre später zu Venedig noch einmal herausgegeben.

§. 197. **Gottfried Fibigius.** Von ihm finden wir hier genannt:

1. Das „Collegium actionum Bachovianarum VIII Dissertationibus exhibitum." Nach Walther wäre dieses Werk schon i. J. 1631 erschienen. Damals hatte Fibig erst ein Alter von neunzehn Jahren erreicht, und befand sich auch zu Leipzig, als gerade Tilly die Stadt belagerte. Erst nachher besuchte er die Universität Jena und da gab er 1637 und 1638 eine Reihe der soeben genannten Disputationes heraus.

2. Die „Processus delineatio stylo nostrorum temporum accomodata." Zu diesem Fibig'schen Werk, das größeren Beifall fand, als Alles was er bei seinen Lebzeiten herausgegeben, machte der obengenannte Schwendendörffer die von W. angeführten Anmerkungen. Die drei Ausgaben (1691, 1695, 1710), welche hier erwähnt werden, unterscheiden sich durch

Nichts von einander, als durch die „Umbrückung des Titel=
Blatts, nach dem gewöhnlichen Kunstgriffe der Buchhändler",
wie ein Recensent in den Allerneuesten Nachrichten von Jurist.
Büchern, 1. 590 sagt. Die vierte Ausgabe (1740) enthält mehr;
sie ist mit vielen neuen, von dem bekannten Polygraphen Jo=
hann Hieronymus Hermann gesammelten, Zusätzen ver=
sehen. Diesem werden sie nämlich in genannter Zeitschrift zuge=
schrieben.

§. 198. Acathius Antonius de Ripoll. Mit Un=
recht zweifelt W., ob dieser Spanier von Böcking zu den
Proceßualisten habe gerechnet werden dürfen. Zwar erklärt
Ersterer, er habe keine Schrift über Proceß von seiner
Hand ermitteln können; aber es entging ihm, daß Ripoll
einen „Ordo judiciarius," die „causae usu frequentes in Curia
Vicarii Barcinonensis" betreffend, geschrieben hat, welches Werk
der Praxis von Ludovicus Peguerra angehängt ist.
Schon um der Noten willen, die der genannte Catalonier
zum letztgenannten Buche geschrieben, würde er hier einen
Platz verdient haben.

§. 200. Bernardus Schotanus. W. sagt, er sei zu
Frankfurt „um 1598" geboren; sein Geburtstag ist der 7. Oct.
1598. Sein Werk „Processus judicialis sive Methodus procedendi judicialiter" ist nichts Anderes, als sein Dictat über
Proceß, bald nach seinem Tode veröffentlicht. Ob davon
wirklich ein so zahlreicher Nachdruck in Deutschland erschienen
ist, wie W. (der Spur des Lipenius und Ruborff fol=
gend) angibt, darf ich nicht behaupten; jedenfalls sind diese
Nachdrucke aber nicht zu Hannover, sondern zu Hanau er=
schienen*).

---

*) Ueber Bernardus Schotanus beruft sich Walther auf elf
Zeugen, die sämmtlich über die Thätigkeit des würdigen Mannes
wenig Licht verbreiten. Eine Hinweisung auf die vorzügliche Ar=
beit meines unvergeßlichen Vaters Gobinus de Wal, de claris

§. 201. **Antonius Matthaeus II. W.** beruft sich auf **dreizehn** Autoren, welche die drei von ihm genannten Werke erwähnen. Bei keinem von allen findet sich Etwas, das den Inhalt oder das Verdienst dieser Werke beleuchtet. Eine einfache Hinweisung auf **Burman's** „Trajectum eruditum" wäre hier viel zweckmäßiger gewesen. Was aber am auffallendsten ist — während W. zu dem Namen **Matthaeus** die Warnung hinzusetzt: „nicht zu verwechseln mit **Anton. Matthaeus III**", spricht er hier von drei Werken, wovon zwei gerade den dritten **Matthaeus** zum Verfasser haben!

Von **Matthaeus** II ist allein:

De iudiciis disputationes XVII: Die vierte, von **Georg Adam Struvius** besorgte Ausgabe erschien nicht im Jahre 1678, sondern im Jahre 1680, nicht in Octav, sondern in Quart. **Christoph Phil. Richters** Comment. ad tit. Decretal. de Judiciis wurde zugefügt.

Von **Matthaeus** III stammen her:

Observationes Rerum Judicatarum a Supremo Ultrajecti revisionis Consessu. Leid. 1673, 2 Bde., Fol., wovon 1702 zu Lüttich ein Nachdruck erschienen.

Tractatus de probationibus, fide instrumentorum et testibus. L. B. 1672. 8. 1678. 8. F. a. Rh. 1750. 4. Hauptsächlich auf dieses Werk hat **Voet** in seiner Leichenrede hingewiesen.

§. 202. **Christoph Friderich.** Dankenswerth ist hier die Notiz über die erste Ausgabe seines Processes, im Jahre 1610

Frisiae Jureconsultis, wäre hier angemessen gewesen: S. 219 —228 hat er ein ausgezeichnetes Lebens- und Charakterbild des berühmten Rechtslehrers geliefert. Außerdem finden wir Nachrichten über ihn bei **Vriemoet**, Athen. Fris. 226 ff. **Burman**, Traicet. erudit. 345 ff. **Paquot**, Mémoires, VI. bq. ff. Eine Oratio funebris in exequiis Bern. **Schotani** recitata ab **Arnoldo Vinnio** ist des verstorbenen Verfassers Disputat. Jurid. ad. seriem Pandectarum zugefügt.

zu Jena gedruckt. Sämmtliche Herausgeber des Werkes, Leon=
hardt Wipprecht, Tobias Heidenreich, Joh. Georg
Nicolai und Friedrich Rudolphi werden hier angeführt,
jedoch nur über Nicolai findet man in einer Anmerkung
eine kurze Personalnotiz. Wir sehen uns hier auf Jöcher
verwiesen, „bei Friederich", nachdem der Verfasser Rudorff,
Böcking, Schletter und Wetzell gerügt hat, die den
Namen „Friederich" geschrieben; Jöcher ist hier jedoch frei
zu sprechen, denn er hat diesen Verfasser unter „Fribericus"
angeführt. Er nennt ihn Secretarius der Stadt Breslau,
Walther dagegen sagt, daß er Syndicus zu Stettin ge=
wesen. Ein merkwürdiges Beispiel, wie die Literärgeschichte
früher bearbeitet wurde, gibt Stepf, der diesem Christoph
Fridericus noch eine Diss. de legum sanctitate, einem
Chr. Friederich aber eine Diss. de legatorum sanctitate
Lips. 1736. Marb. 1736. 4. andichtet!

§. 203. Am Schlusse seines Werkes nimmt W. noch eilf
Autoren zusammen „worüber zur Zeit eingehendere Nachrichten
nicht zu erlangen waren". Wie Jo. Thomas Clubius da
hinein gerathen ist, klingt fremd, da ja Du Roi in seinen
Biographien der Helmstädter Rechtslehrer ihn ausführlicher
behandelt, als einem Manne von so mageren Verdiensten von
Rechtswegen zukommt. Dasselbe läßt sich auch von Anton
Sebastian Krayßer oder Khraisser sagen, den die Schrift=
steller über die Bairische Literatur früherer Jahrhunderte z. B.
Kobolt, nicht unerwähnt ließen. Heumann, einer der
größten Kenner der altbairischen Rechtsliteratur, nennt Kray=
ßer einen Rechtsgelehrten „de universa fere Boicarum legum
scientia bene meritum" (Opusc. p. 23) und gibt den Inhalt
seines Compendium an. Die Uebrigen sind meistentheils
Italiener. Unter diesen kommt auch Balthasar Abruzzo
vor, ein sehr bekannter Sicilianischer Rechtsgelehrter († den 4.
April 1665), welcher nicht allein die hier unrichtig erwähnte
„Interpretatio ad pragmaticam unicam de modo procedendi

summarie et de plano", sondern auch „Practicae Juris Quaestiones" herausgab. Letztgenanntes Werk erschien zu Palermo 1663, Fol.

Es ist sonderbar, daß hier wohl dem Mailänder Julius Cäsar Ruginelli, aber nicht unserem Landsmann Pieter Cornelis Brederobe ein Platz eingeräumt worden ist. Und doch sagt Ruginelli in der Vorrede seines Werkes: „Opus cum tandem perficere vellem, prudentissimus P. Corn. Brederodius insignem de appellationibus edidit tractatum, in quo quoniam de eadem materia agi videbatur, per aliquot tempus ab assumpto onere destiti." Aus diesen Worten läßt sich zugleich ableiten, wann das Werk Rugiaelli's abgefaßt wurde.

Nachtrag.

Zu §. 90.

Hier hätte ich bemerken sollen, daß der Verfasser unrichtig bei „Masuerius" schreibt: „ein französischer Jurist, † 1543." Schon Klimrath (Travaux sur l'histoire du Droit Français, II, 16) sagte vor dreißig Jahren: „La Somme rural de Jean Bouteiller et la Pratique de Masuer, qui est, à vrai dire, une ancienne Contume d'Auvergne et du Bourbonnais, datent du commencement du quinzième siècle." Unrichtig hatte Dupin (Bibliotheque de Droit, II. 724) als Sterbejahr 1588 angegeben; er ist deshalb nicht nur von Klimrath, sondern auch von Königswarter getadelt. Masuer selber meldet in seiner Schrift (28. 7), daß Pierre Masuer, Rechtslehrer in Orleans und später Bischof von Arras († 1391), sein Oheim war. Der Neffe praktizirte anfangs als Advokat bei der Sénéchaussée von Bourbonnais; später wurde er Kanzler der Grafen von Auvergne. Er lebte bis zum Jahre 1450. Also gehört er ganz bestimmt nicht zu dieser zweiten Periode.

Als älteste Ausgabe seiner „Practica forensis" verzeichnet Walther eine Parisiensis, vom Jahre 1534; dennoch gibt es eine frühere, v. J. 1529. Aber man würde sich sehr irren, wenn man diesen lateinischen Text als den Urtext betrachtete.

Interessant ist die Bemerkung des oben genannten geistreichen Verfassers: „Plusieurs contumiers ont été publiés sous une forme, qui donne l'idée la plus inexacte de leur véritable caractère. Ceci s'applique entre autres à la Pratique de Masuer, dont il existe à la bibliothèque royale deux manuscrits français du quinzième siècle (n°s 9387, 9388). Tout ce qu'il y a, dans les éditions latines, de tournures traînantes et embarrassées, de citations de lois romanes et d'opinions des docteurs, manque dans ces manuscrits, ou s'y trouve relégué dans une glose marginale latine. L'inspection seule de ces manuscrits fait naître invinciblement la pensée que, par le fait des copistes, la glose aura passé dans le texte. Elle l'a altéré au point de changer un naïf coutumier en l'ouvrage indigeste et confus d'un pédant." (Travaux II, 18 flg.) Danach möchte man die späteren französischen Ausgaben dieses Werkes (wie die Fontanon'sche) als Uebersetzungen einer versio Latina betrachten, während das französische Original noch im Staube der Bibliotheken ruht. Allein es steht dieser Ansicht bestimmt entgegen, daß noch einzelne höchst seltene Exemplare eines im Jahre 1505 gedruckten Werkes übrig sind, mit den Titel: „Le Masuer en francoys, suivant la coustume du haut et bas pays d'Auvergne." Koenigswarter, Sources et Monuments du Droit Français, p. 100. Dieser Titel deutet ganz klar auf ein lateinisches Original hin.